Marc Beck

Gefangen im Land der Dinosaurier

Marc Beck

Gefangen im Land der Dinosaurier

Mit Illustrationen von
Sebastian Coenen

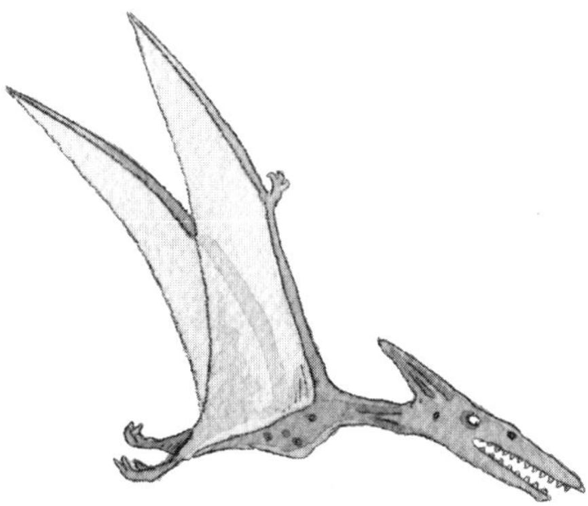

gondolino

ISBN 978-3-8112-2916-7

Coverillustration: Michaela Sangl
Covergestaltung: Christine Retz
Reihenlogo: Gisela Dürr
Printed in Germany – 008
5 4 3 2 1

Der Umwelt zuliebe gedruckt auf chlorfrei gebleichtem Papier.

www.gondolino.de

Inhalt

Endlich Ferien!

Die alte Standuhr schlug sieben Mal. Marvin und sein gleichaltriger Freund Jonas sahen einander an.

„Langsam müsste dein Vater aber kommen“, sagte Jonas. „Sonst verpassen wir den Film.“

„Ich weiß“, seufzte Marvin. Es wäre leider nicht das erste Mal, dass er über der Arbeit die Zeit vergisst, fügte er in Gedanken hinzu.

Marvins Vater war in einem Museum für Naturkunde und Geschichte als Wissenschaftler tätig. Oft kam er erst spätabends nach Hause, wodurch Marvin viele Freiheiten besaß. Da er allein mit seinem Vater lebte, gab es dann niemanden, der ihn aufforderte, die Videospielkonsole auszuschalten oder den Computer herunterzufahren. Doch heute Abend konnte Marvin auf diese Vorteile gut verzichten. Die Sommerferien hatten vor Kurzem begonnen, und Jonas durfte ein verlängertes Wochenende bei ihnen verbringen. Marvins Vater hatte ihnen aus diesem Anlass einen Kinobesuch versprochen. Um jedoch rechtzeitig im Filmpalast zu sein, müssten sie spätestens um Viertel nach sieben losfahren.

„Vielleicht solltest du ihn anrufen“, schlug Jonas vor.

Marvin schüttelte den Kopf. „Das bringt nichts. Wenn er jetzt noch im Büro ist, wäre er frühestens um halb acht hier. Dann ist es zu spät." Ohne weitere Erklärungen ging er in die Diele und öffnete die Tür. Draußen setzte er sich auf die oberste Stufe der Treppe, die zum Haus führte. Jonas nahm neben ihm Platz. Gemeinsam hielten sie Ausschau, ob sich ein Fahrzeug näherte. Dabei dachte Marvin, wie froh er war, mit Jonas nach den Sommerferien aufs Gymnasium zu gehen. Sie kannten sich inzwischen seit sieben Jahren, waren zusammen in einer Kindergartengruppe gewesen und anschließend in derselben Grundschulklasse. Jonas war mit Abstand sein bester

Freund. Sollte sein Vater das Versprechen nicht halten, würde sich Jonas nicht darüber beklagen.

Die Sonne schien ihnen ins Gesicht, während sie wortlos warteten. Nach einer Viertelstunde hörten sie die alte Standuhr ein weiteres Mal schlagen.

„Er hat's vergessen", murmelte Marvin enttäuscht.

„Ich würde bei ihm anrufen", meinte Jonas.

„Nicht nötig", entschied Marvin. „Wenn ich ihm Bescheid sage, rast er mit total schlechtem Gewissen nach Hause. Ins Kino können wir aber trotzdem nicht mehr, weil es zu spät ist. Wenn er nachher heimkommt und dich sieht, wird es ihm von allein einfallen. Und dann wird er uns morgen keinen Wunsch abschlagen ..." Für den nächsten Tag hatten sie einen Kirmesbesuch eingeplant.

„Klingt gut", sagte Jonas. „Und was machen wir heute Abend statt des Kinos?"

„Lass uns zuerst im Internet surfen. Ich habe vorgestern eine super Seite mit Gratisspielen gefunden", schlug Marvin vor.

Die beiden Jungen standen auf und gingen ins Haus zurück. Marvin führte seinen Freund in das Arbeitszimmer seines Vaters. Jonas machte große Augen, als er sich in dem Raum umsah, den er nie zuvor betreten hatte.

„Wow!", flüsterte er beeindruckt.

An den Wänden gab es kaum noch eine freie Fläche.

Drei von ihnen waren mit Regalen bedeckt, in denen Marvins Vater Gegenstände aufbewahrte, die aus unterschiedlichen Zeiten stammten. Marvin kannte von fast jedem die Geschichte, wie er in den Besitz seines Vaters gelangt war. Auf den Regalen standen unter anderem verschiedene Werkzeuge von den alten Ägyptern, eine in einer kleinen, geöffneten Schatzkiste liegende Münze der längst vergangenen Mayakultur und ein alter Kompass, der von den Wikingern stammte.

„Ist dein Vater Schatzsucher?", fragte Jonas.

Marvin grinste. Der Begriff Schatzsucher erinnerte ihn an dieses coole Videospiel, das er zuletzt gespielt hatte. Er stellte sich vor, wie sich sein Vater an einer Liane schwin-

gend in Sicherheit brachte. Sein Grinsen wurde breiter. „Er hat vor meiner Geburt als Archäologe gearbeitet", sagte Marvin.

„Archäwas?", entfuhr es Jonas.

„Archäologe. Er hat an Ausgrabungen teilgenommen, auf der Suche nach Überresten alter Kulturen", erklärte Marvin seinem Freund.

„Das klingt spannend", stellte Jonas fest. „Und die Dinge, die er bei diesen Ausgrabungen entdeckt hat, durfte er behalten?"

„Leider nicht. Die meisten Fundstücke landen in Museen. Aber manchmal bekommen die Mitglieder einer Ausgrabung Andenken geschenkt. Sachen, die leicht beschädigt oder für Museen aus anderen Gründen wertlos sind. Außerdem geht mein Vater für sein Leben gern auf Versteigerungen und kauft etwas Interessantes für seine Sammlung."

Jonas' Blick richtete sich auf die vierte Wand, an der lediglich ein großes Foto in Schwarz-Weiß hing. Das Bild war etwa einen Meter hoch und ebenso breit. Es zeigte einen jungen Mann, der in einer Grube stand. Er hielt einen unscheinbar wirkenden Knochen triumphierend in die Höhe und lächelte zufrieden. Oberhalb der Grube befanden sich vier weitere Männer und zwei Frauen, die alle glücklich strahlten. Im Hintergrund waren ein Bagger und ein Zeltlager zu erkennen.

„Wer ist der Mann?", wollte Jonas wissen.

„Das ist mein Vater, als er fünfundzwanzig war. Bei seiner ersten Ausgrabung. Damals hat er für ein Team gearbeitet, das auf der Jagd nach Spuren längst ausgestorbener Tiere war", sagte Marvin.

Seit langer Zeit betrachtete Marvin das Bild wieder einmal genauer. Sein Vater hatte ihm erklärt, wie eine solche Ausgrabung durchgeführt wurde: Sobald die Forscher im Boden etwas entdeckten, wurde die darüber befindliche Erde abgetragen, entweder mit einem Bagger oder mit Pressluftbohrern, gelegentlich auch nur mit Hammer und Meißel. Je näher sie den Fundstücken kamen, desto vorsichtiger mussten sie weitergraben. Den Knochen, den sein Vater auf dem Foto in der Hand hielt, hatte er mit einem winzigen Hammer freigelegt. Nachdem das Bild gemacht worden war, hatte er ihn in nasses Zeitungspapier gewickelt und anschließend wie ein menschliches Bein eingegipst. So geschützt war das Fundstück dann in ein Labor gebracht worden, in dem Wissenschaftler untersucht hatten, um was für einen Knochen es sich dabei handelte.

„Von welchem Tier stammte der Knochen?", erkundigte sich Jonas. „Von einem Dinosaurier?"

„Das hatten sie zunächst gehofft. Aber wie sich herausstellte, war es der Knochen eines mit einer Antilope vergleichbaren Tieres. Er blieb bei dieser Ausgrabung ihr einziger Fund. Weil kein Museum Interesse daran hatte, durfte mein Vater ihn behalten. Der Knochen steht jetzt in seinem Büro auf dem Schreibtisch."

Marvin wandte sich von dem Foto ab und setzte sich auf den bequemen Lederstuhl am Arbeitstisch. Wenige Minuten später spielte er im Internet mit seinem Freund ein spannendes Weltraumabenteuer.

Kurz vor zweiundzwanzig Uhr klingelte es an der Haustür. Marvin und Jonas sahen sich im Wohnzimmer einen Film auf DVD an. Ihnen war gar nicht bewusst, wie spät es bereits geworden war.

„Da hat mein Vater wohl wieder seinen Schlüssel im Büro vergessen“, sagte Marvin beim Aufstehen. „Das passiert ihm nun bestimmt schon zum vierten oder fünften Mal.“ Er ging zur Tür und öffnete sie. „Hallo Pa...“, begann er und brach mitten im Wort ab. Vor dem Haus stand ein junger Mann in dunkelblauer Uniform. Der Mann hielt in seiner linken Hand einen länglichen Glaskasten mit einem Knochen darin.

„Bist du Marvin Diehl?“, fragte ihn der junge Mann unsicher.

Marvin nickte. Hinter ihm war Jonas aufgetaucht, der den Neuankömmling misstrauisch musterte.

„Ich bin Wachmann im Museum und soll dich dort hinbringen“, erklärte der Mann, der laut dem Namensschild an seiner Uniform Kai Richter hieß. „Dein Vater ist verschwunden.“

„Verschwunden?“, krächzte Marvin entsetzt.

Der Mann nickte. Marvin drehte sich zu Jonas um. „Kannst du bitte den Fernseher ausstellen? Wir müssen ins Museum.“

„Und wenn der Mann gar nicht im Museum arbeitet?“, flüsterte Jonas zweifelnd.

Marvin schüttelte den Kopf. „Er arbeitet im Museum“, stellte er entschieden fest.

Warum vertraut Marvin dem fremden Mann?

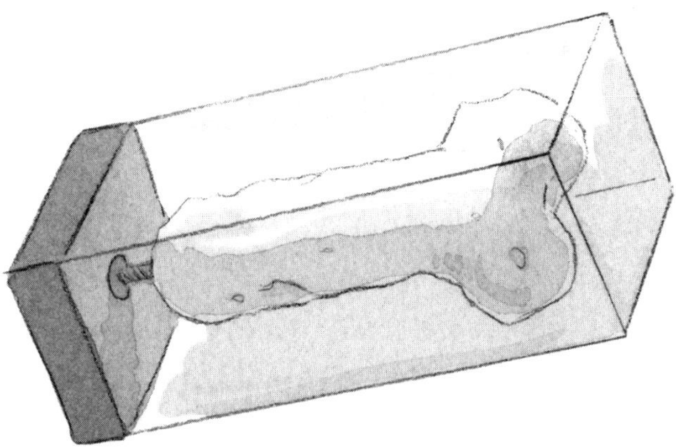

Unheimliche Begegnungen

Kai wandte sich den auf der Rückbank sitzenden Kindern zu. „Seid ihr angeschnallt?“, fragte er. Die Jungen nickten.

„Wie kann mein Vater in einem Museum verschwinden?“, erkundigte sich Marvin und umklammerte ängstlich den Glaskasten mit dem Knochen, den Kai aus dem Büro von Marvins Vater mitgebracht hatte.

„Ich weiß es nicht“, erwiderte Kai, während er sich wieder nach vorne drehte.

„Ist die Polizei benachrichtigt worden?“, wollte Jonas wissen.

„Wahrscheinlich“, vermutete der Wachmann.

„Wahrscheinlich?“, hakte Marvin energisch nach. „Was heißt das?“

Nun suchte Kai seinen Blick im Rückspiegel des Autos. „Ich verstehe ja, dass du aufgeregt bist“, beschwichtigte er ihn. „Aber du wirst dich mit deinen Fragen gedulden müssen. Ich war auf einem Kontrollgang im zweiten Stock des Museums, als mich Direktor Hansen per Walkie-Talkie rief. Er hat mir nur erklärt, dein Vater sei verschwunden, und ich solle dich ins Museum bringen. Dann gab er mir den Glaskasten mit und meinte, du würdest diesen Hinweis verstehen. Ich habe keine Ahnung, was es mit dem Verschwinden deines Vaters auf sich hat." Kai startete den Wagen und fuhr los. „Warum muss das ausgerechnet heute Nacht passieren?", sagte er mehr zu sich als zu den Kindern, die auch gar nicht reagierten.

Marvin war in Gedanken versunken. Frank Hansen und sein Vater waren seit über zwanzig Jahren miteinander befreundet. Er selbst profitierte von ihrer engen Freundschaft, denn jedes Jahr zu Weihnachten und zum Geburtstag machte ihm Frank – er hatte schon immer darauf bestanden, von Marvin geduzt zu werden – großzügige Geschenke. Zudem kam er sie oft an Wochenen-

den besuchen. Eigentlich seltsam, dachte Marvin, dass er mich nicht persönlich von zu Hause abholt und stattdessen einen Wachmann schickt.

Etwa eine halbe Stunde später erreichten sie das weitläufige Gelände des Museums. Kai steuerte einen Parkplatz für Mitarbeiter an. Marvin löste bereits den Sicherheitsgurt, bevor der Wachmann den Wagen gestoppt hatte. Kaum stand das Auto still, öffnete Marvin die Tür und stieg aus. Jonas folgte ihm.

„Wartet auf mich!“, rief Kai hinter ihnen her, aber Marvin beachtete ihn nicht. Er begann, den langen, gepflasterten Weg hinaufzurennen, der zum Museum führte. Abgesehen von ein paar schwachen Lichtern im Inneren war das Gebäude völlig dunkel.

Jonas spurtete ebenfalls los, und schon bald hatte er Marvins Vorsprung aufgeholt. Kopf an Kopf erreichten sie die gläserne Eingangstür, an der Marvin erfolglos rüttelte. Das Museum war verschlossen. Ungeduldig drehte er sich um.

„Warum ist die Tür abgeschlossen?“, fragte er in vorwurfsvollem Ton.

„Es ist mitten in der Nacht“, entgegnete der sich nähernde Wachmann. „Sollen wir vielleicht alles sperrangelweit offen stehen lassen, damit wir ausgeraubt werden?“ Kai zog einen Schlüsselbund mit ungefähr einem

Dutzend Schlüsseln aus der Hosentasche. Er musterte sie kurz, bevor er sich für einen von ihnen entschied, ihn ins Schloss steckte und umdrehte. Dann stieß er die Tür auf und eilte zu einem Tastaturfeld, das direkt hinter dem Eingang an der Wand hing. Ein rotes Lämpchen blinkte. Der Wachmann gab eine Zahlenkombination ein, und das Blinken erlosch.

„Puh“, entfuhr es ihm erleichtert. „Wenigstens ist das gut gegangen.“ Doch auf einmal schien ihm etwas einzufallen. Hektisch tastete er seinen Körper ab und zog ein schiefes Gesicht.

„Was ist?“, fragte Marvin.

„Ich habe meine Taschenlampe im Büro deines Vaters vergessen“, murmelte Kai. „Also kann ich uns nicht den Weg leuchten.“

„Warum schalten Sie nicht einfach die Beleuchtung ein?“, erkundigte sich Jonas.

„Die Beleuchtung lässt sich nur mit einem Schlüssel aktivieren, den ich nicht dabeihabe“, erklärte Kai.

„Ich kenne den Weg“, sagte Marvin.

„Bist du ihn schon einmal im Dunkeln gegangen?“, wollte Kai wissen.

„Nein“, musste Marvin eingestehen.

„Haltet euch dicht hinter mir“, befahl ihnen Kai. „Wir

müssen durch einige Räume, in denen wir nichts berühren dürfen. Nicht, dass ausgerechnet in meiner ersten Schicht etwas zu Bruch geht."

Sie gingen los, zunächst durch die Eingangshalle und dann in den ersten Ausstellungsbereich hinein. Die Fundstücke und Informationstafeln im Erdgeschoss erstreckten sich über die ersten Zeitalter der Erde: beginnend mit der frühesten Urzeit – dem so genannten Proterozoikum – über das Erdaltertum, auch als Paläozoikum bezeichnet, bis zum Erdmittelalter oder Mesozoikum, das von den Dinosauriern beherrscht worden war. Das Büro von Marvins Vater befand sich genau am anderen Ende des Stockwerks.

Während Marvin die Augen starr auf Kais Rücken gerichtet hielt, sah sich Jonas interessiert um. Er war erst zweimal in dem Museum gewesen, und der letzte Besuch lag bereits einige Zeit zurück. In den lediglich von Notausgangsschildern schwach erhellten Räumen konnte er allerdings kaum etwas erkennen. Aber das machte das Ganze umso spannender. Wenn er Umrisse wahrnahm, versuchte er zu erraten, um was es sich dabei handelte.

Sie waren gerade etwa in der Mitte eines weiteren Raumes, als Jonas ein Rascheln bemerkte. Er spähte in die Richtung, aus der das Geräusch kam. Plötzlich flammte eine starke Taschenlampe auf, die ihn blendete. Jonas drehte seinen Kopf aus dem Lichtstrahl weg. Einen

Sekundenbruchteil später stieß er einen Schreckensschrei aus. Ein riesiger Dinosaurier mit weit aufgerissenem Maul schien sich über ihn zu beugen und ihn fressen zu wollen.

„Was ist denn los?“, fragten Kai und Marvin gleichzeitig.

Jonas atmete tief durch. Er schämte sich für seine Reaktion. Vor ihm befand sich natürlich nur das Skelett eines Dinosauriers. „Nichts“, entgegnete er ausweichend.

„Wieso bringst du zwei Kinder mit?“, knurrte eine barsche Stimme. „Angeblich hat er doch nur einen Sohn.“ Ein Wachmann näherte sich ihnen. Er hatte zuvor in der Dunkelheit gestanden und dann unerwartet seine Taschenlampe eingeschaltet.

„Der zweite Junge ist ein Freund des Sohns“, erklärte Kai.

„Ist das jetzt ein Klassenausflug?“, wollte der Wachmann wissen.

„Was ist mit meinem Vater?“, erkundigte sich Marvin. „Ist er wieder aufgetaucht?“

„Nein“, brummte der Mann unfreundlich. Er klang nicht so, als würde ihn das sonderlich interessieren.

„Noch immer nicht?“, entfuhr es Kai wesentlich besorgter. „Verdammt!“

Jonas entdeckte auch bei dem zweiten Wachmann ein Namensschild am Anzug. Er hieß Stefan König.

Jonas' Blick wanderte zu dem Dinosaurier, der ihm einen solchen Schrecken eingejagt hatte. Um einen T-Rex handelte es sich dabei nicht, das erkannte er sofort. Aber welcher Art gehörte er an? „Herr König?", fragte Jonas. „Was für ein Dinosaurier ist das hier?" Ein Wachmann, der jede Nacht die Räume kontrollierte, würde sich doch bestimmt mit den Ausstellungsstücken auskennen.

Der angesprochene Wachmann reagierte nicht. Jonas verzog mürrisch den Mund. Wie konnte man so unhöflich sein? Er tat so, als sei die Frage gar nicht an ihn gerichtet gewesen.

Marvin hingegen hatte sie gehört. „Das ist ein Ceratosaurus“, erklärte er. „Das kann man sich gut anhand des Horns auf der Nase und der Knochenwülste über den Augen merken.“

„Ach so“, sagte Jonas. Übertrieben freundlich lächelte er dem Wachmann zu. „Sie haben das also nicht gewusst?“

„Was habe ich nicht gewusst? Hast du gerade mit mir gesprochen?“, entgegnete der Wachmann. Verwundert musterte Jonas den Mann. Er war viel ungepflegter als Kai: Das Hemd hing ihm aus der Hose und war nicht richtig zugeknöpft. Außerdem war ihm die Hose viel zu kurz, sodass Jonas einen Teil der stark behaarten Beine des Mannes erkennen konnte. Ein ungutes Gefühl regte sich in Jonas.

„Dann lass uns jetzt die Kinder endlich zum Direktor bringen!“, befahl der Wachmann König und leuchtete ihnen den Weg.

Jonas tippte Marvin auf die Schulter und deutete mit seinem Zeigefinger auf den Mann. „Mit ihm stimmt etwas nicht“, wisperte er seinem Freund ins Ohr.

Weißt du, wie Jonas darauf kommt?

Der Schlüssel zur Zeit

„Findest du es nicht merkwürdig, wie der Mann aussieht?“, fragte Jonas leise. „Die Uniform, die er trägt, ist nie und nimmer seine. Dafür ist sie viel zu kurz.“

Die beiden Wachmänner liefen vor ihnen her, während sich Marvin und Jonas ein kleines Stück zurückfallen ließen. Marvin nickte nachdenklich.

„Außerdem hat er gar nicht reagiert, als ich ihn angesprochen habe. Und warum hat er mir nichts zu dem Dinosaurier sagen können?“, bohrte Jonas nach. „Hier ist etwas faul!“

Sie näherten sich einer offen stehenden Tür, die in einen hell erleuchteten Raum führte.

„Wir sind gleich im Büro meines Vaters“, flüsterte Marvin. „Behalten wir den Verdacht erst einmal für uns.“

„Einverstanden“, pflichtete ihm Jonas bei.

Der Wachmann namens Stefan König betrat das Zimmer zuerst. „Die Kinder sind da, Direktor.“

„Die Kinder?“, entfuhr es einer Person, deren Stimme Marvin vertraut war.

„Ich war auch überrascht“, gab der Wachmann zu. „Aber Kai kann das erklären.“

Marvin ging als Letzter ins Büro. Zunächst bemerkte er den Museumsdirektor, der hinter dem Schreibtisch saß. Dann fiel ihm das Chaos im Raum auf. Seine Kinnlade klappte herunter.

„Wie sieht es denn hier aus?“, wollte er entsetzt wissen.

Normalerweise war sein Vater sehr ordentlich, doch davon war jetzt nichts mehr zu erkennen. Auf dem Schreibtisch lagen unzählige Papiere wild durcheinander verstreut, einige Blätter waren auf den hellblauen Teppich gefallen. Zudem waren alle Schubladen weit herausgezogen worden. Am meisten schockierte Marvin jedoch nicht diese Unordnung, sondern ein Koffer auf dem Boden.

Darin befand sich das Lieblingsspiel seines Vaters, das Scrabble hieß und von dem sich sein Vater vor gar nicht allzu langer Zeit eine Luxusausgabe gekauft hatte. Aufbewahrt wurde das Spiel in einem edlen Lederkoffer, der nun aufgesprungen zu Marvins Füßen lag. Die Spielsteine waren ebenso herausgerutscht wie das Spielbrett zum Ablegen der Wörter. Direkt neben dem Brett bemerkte Marvin eine selbst gezeichnete Karte. Große Teile des weißen Blattes waren mit grünem und braunem Filzstift bemalt. Zwischen den farbigen Stellen standen Anmerkungen in der schnörkeligen Handschrift seines Vaters.

Marvin riss sich von diesem Anblick los und starrte

den Direktor an. „Wie sieht es denn hier aus?“, wiederholte er seine Frage ängstlich, voller Sorge um seinen Vater.

Der Museumsdirektor räusperte sich beim Aufstehen. „Ihr könnt gehen“, wandte er sich an die Wachmänner. „Ich regle das.“

König drehte sich um und verließ den Raum. Kai hingegen zögerte ein wenig. Der Direktor lächelte ihm freundlich zu. „Gibt es noch etwas?“, erkundigte er sich.

„Wollen Sie nicht wissen, weswegen ich zwei ...“, begann Kai, doch der Direktor unterbrach ihn mit einem erneuten Räuspern.

„Nein“, sagte er anschließend. „Ich regle das.“ Kai nickte und folgte seinem Kollegen.

Der Museumsdirektor kam um den Tisch herum und streckte Marvin die Hand entgegen. „Hallo Marvin“, begrüßte er ihn. „Tut mir leid, dass ich dir einen solchen Schrecken einjagen musste.“

„Hallo Frank.“ Marvins Stimme klang matt. Die beiden schüttelten sich die Hände, dann richtete der Direktor seine Aufmerksamkeit auf Jonas.

„Und wer bist du?“

„Das ist mein Freund Jonas“, übernahm Marvin die Vorstellung. „Er darf heute Nacht bei uns schlafen. Jonas, das ist der Direktor dieses Museums, Frank Hansen.“

„Guten Abend, Herr Hansen“, murmelte Jonas schüchtern. Auch er schüttelte dem Direktor die Hand.

„Was ist mit meinem Vater passiert?“, platzte es aus Marvin heraus.

„Sind dir an deinem Vater in letzter Zeit Veränderungen aufgefallen?“, fragte Frank. „War er besonders aufgeregt, wenn er von der Arbeit kam? Oder hat er dich vielleicht sogar ins Vertrauen gezogen?“

Verständnislos zuckte Marvin mit den Achseln. „Keine Ahnung. Was meinst du damit?“

„Hat er dir von unserer Entdeckung erzählt?“, hakte der Direktor nach.

„Nein“, entgegnete Marvin.

Der Direktor schlenderte zurück zum Schreibtischsessel und setzte sich. „Dann muss ich weiter ausholen“, begann er. „Vor etwa drei Monaten bekamen wir aus Ägypten eine Kiste zur Untersuchung zugeschickt. In dieser Kiste waren zwei identische steinerne Gegenstände, die man sich am besten wie einen Zauberwürfel mit abgerundeten Kanten vorstellen kann.“ Der Direktor hielt kurz inne und betrachtete die Kinder. „Wisst ihr überhaupt, was ein Zauberwürfel ist?“

Beide Jungen nickten. Sie hatten vor Kurzem an einem Mathewettbewerb in der Schule teilgenommen, und für jeden Teilnehmer hatte es einen solchen Würfel als Geschenk gegeben.

„Gut“, fuhr der Direktor fort. „In diese Würfel wurden Hieroglyphen eingeritzt. Die Würfel bestehen aus ver-

schiedenen Schichten, die sich drehen lassen, obwohl sie aus Stein sind. Außerdem lag eine Schieferplatte mit weiteren Hieroglyphen in der Kiste. Für deinen Vater war es eine Kleinigkeit, diese Symbole zu entziffern. Der Text auf der Schieferplatte lautet sinngemäß: Sie stammen von den Göttern. Damit sind anscheinend die Würfel gemeint. Dein Vater beschäftigte sich eingehend mit ihnen, bis plötzlich etwas Unglaubliches geschah."

„Was denn?", fragte Marvin aufs Äußerste gespannt. Er wunderte sich, warum ihm sein Vater nichts davon erzählt hatte.

„Dein Vater holte mich in sein Büro, und anstelle der Wand hinter mir befand sich dort eine runde, gräulich schimmernde Fläche."

„Eine schimmernde Fläche?“, entfuhr es Jonas.

Der Direktor nickte. „Wir haben uns sehr lange den Kopf zerbrochen, was es damit auf sich haben könnte, bis dein Vater beschloss, hindurchzugehen.“

„Und das war heute Nacht“, mutmaßte Marvin.

„Nein“, widersprach der Direktor. „Das war vor vier

Wochen. Nach einer halben Stunde kehrte er zurück. Kaum war er wieder hier, erfuhr ich, dass es sich um ein Zeitfenster handelt, das in das Zeitalter der Dinosaurier führt.“

„Sie machen Witze!“, rief Jonas.

Der Direktor schüttelte den Kopf und nahm einen Brief in die Hand, der auf dem Schreibtisch gelegen hatte. Er reichte ihn Marvin. „Der ist für dich.“ Marvin ergriff den bereits geöffneten Umschlag. „Ich habe ihn gelesen, weil ich auf einen Hinweis hoffte“, erklärte der Direktor.

Marvin holte den Brief heraus. Neugierig blickte ihm Jonas über die Schulter.

Lieber Marvin!

Wenn Du diese Zeilen liest, ist etwas schiefgegangen, und ich brauche Deine Hilfe. Wahrscheinlich hat Dir Frank von dem Zeitfenster und den Dinosauriern erzählt, wahrscheinlich glaubst du ihm nicht. Es ist jedoch wirklich wahr. Eher zufällig habe ich herausgefunden, in welcher Reihenfolge man die Symbole am Würfel anordnen muss, um dieses unfassbare Wunder zu vollbringen. Jeder Würfel für sich allein ist in der Lage, das Zeitfenster zu aktivieren. Man benötigt sie nicht beide zusammen. Das Krokodil muss sich in der Mitte befinden, der Sonnengott Re über und unter ihm, der Vogel links vom Krokodil, rechts von ihm das Boot. Ich habe das identische zweite Exemplar des Würfels sicher im Tresor verwahrt, Dein Name verschafft dir den Zugang dazu. Die Rückreise kannst du nur von dort antreten, wo Du gelandet bist.

Hoffentlich sehen wir uns bald wieder. Ich habe Dich sehr lieb.

Papa

Marvin spürte ein beklemmendes Gefühl in seiner Magengrube und legte den Brief auf den Schreibtisch.

Sein Vater hatte ihm früher einmal gezeigt, wo der Tresor in die Wand eingelassen war. Marvin schaute zu dieser Stelle, an der normalerweise ein kleines Gemälde hing. Das Gemälde war verschwunden, aber der Tresor war noch immer verschlossen.

Der Direktor folgte seinem Blick. „Ich bekomme das verdammte Ding nicht auf. Dabei habe ich schon so viele Möglichkeiten ausprobiert. Dein Name verschafft dir den Zugang dazu ... Kannst du damit etwas anfangen?“

Marvin überlegte kurz, nickte und beugte sich dann über die am Boden liegenden Scrabblesteine. Jonas und der Direktor sahen sich mit großen Augen an.

Welche Zahl öffnet den Tresor?

Eine weite Reise

Der Museumsdirektor tippte die Zahlen, die ihm Marvin genannt hatte, in das Tresorschloss ein. Kaum hatte er die letzte Zahl eingegeben, erklang ein leises Klicken. „Marvin, du bist genauso ein Genie wie dein Vater. Darauf wäre ich nie gekommen! Obwohl die Lösung zu meinen Füßen lag." Er öffnete den Safe, griff hinein und holte einen Gegenstand heraus, der in ein weißes Tuch gewickelt war. Vorsichtig brachte er ihn zum Schreibtisch, legte ihn ab und faltete das Tuch auseinander.

Marvin stellte sich direkt vor die Tischplatte, um den Gegenstand näher zu betrachten. Er war nur unwesentlich größer als ein Tennisball und bis auf die eingeritzten Symbole völlig braun. Bei genauem Hinsehen bemerkte Marvin die verschiedenen Schichten, aus denen der Würfel bestand, fünf senkrecht angeordnet und fünf waagerecht. Die Hieroglyphen hatten weiße Spuren auf dem Stein hinterlassen. Einige der Zeichen erkannte Marvin augenblicklich, wie etwa das Krokodil oder den Vogel. Bei anderen war er sich nicht sicher, was sie darstellen sollten.

„Darf ich ihn anfassen?", fragte Marvin.

Der Direktor nickte. „Lass ihn aber unter keinen Umständen fallen. Das ist deinem Vater auch schon mal passiert, und wir befürchten, der Würfel könnte bei einem härteren Aufprall kaputtgehen."

Marvin nahm den Gegenstand in die Hand. Er fühlte sich angenehm kühl an. Vorsichtig fuhr Marvin mit den Fingerspitzen über die Oberfläche. Abgesehen von den Hieroglyphen war sie vollständig glatt.

„Gib mir mal", bat Jonas.

Marvin reichte ihm den Würfel und beobachtete seinen Freund, wie er ihn untersuchte.

Nach einer Weile räusperte sich der Direktor. „Jetzt wird es Zeit, dass ihr euch auf die Suche nach deinem Vater macht", sagte er. Er streckte die Hand aus, und Jonas legte ihm den Würfel hinein. Der Museumsdirektor verschob einige der Schichten. Immer wieder kontrollierte er dabei, wie die Hieroglyphen zueinander angeordnet waren. „Gleich ist es so weit", murmelte er konzentriert. Durch eine weitere Drehung verschoben sich noch einige Symbole und plötzlich lag eine Art elektrisches Knistern in der Luft. Der Direktor stellte den Würfel auf den Schreibtisch und trat zwei Schritte beiseite. Ein grauer Strahl schoss aus dem Gegenstand und traf die Wand. Auf der weißen Tapete wurde ein grauer Punkt sichtbar, der sich rasch ausdehnte, bis er zu einer runden Fläche angewachsen war, die nahezu die ganze Wand bedeckte. Von der Tapete war nichts mehr zu erkennen. Weil die

Fläche von innen heraus schimmerte und sich wellenartig bewegte, wirkte sie wie eine unruhige Wasseroberfläche.

„Passiert einem etwas, wenn man den Arm hineinsteckt?“, fragte Marvin.

„Nein“, antwortete der Direktor.

Marvin ging um den Schreibtisch herum, Jonas folgte ihm. Sie bemerkten ein vom Zeitfenster stammendes, gedämpftes Rauschen. Fast so, als hielten sie sich Muscheln ans Ohr. Vorsichtig streckte Marvin den rechten Arm aus, der bis zum Ellbogen spurlos im schimmernden Grau verschwand. Schnell zog Marvin den Arm zurück.

„Gruselig“, wisperte er. Doch gespürt hatte er nichts. Er drehte sich zum Freund seines Vaters um. „Du hast gesagt, es wird Zeit, dass wir uns auf die Suche nach meinem Vater machen. Kommst du nicht mit?"

Der Direktor schüttelte bedauernd den Kopf. „Ich wäre euch dort keine große Hilfe." Er zeigte auf sein rechtes Knie. „Sobald ich längere Strecken laufen muss, schmerzt es zu stark." Marvin nickte. Er wusste von diesem gesundheitlichen Problem.

„Aber ich lasse euch natürlich nicht allein gehen", fügte der Direktor hinzu. Er bückte sich, holte aus einer der geöffneten Schreibtischschubladen ein Funkgerät heraus und drückte die Sprechtaste. „Herr König und Herr Bruchhaus, kommen Sie bitte sofort in das Büro von Herrn Diehl."

Die Kinder sahen einander an. Wenn sie jemanden über ihren Verdacht bezüglich der Wachleute informieren wollten, musste es jetzt geschehen.

„Schon unterwegs", ertönte eine erste Stimme.

„Bin gleich bei Ihnen", antwortete eine zweite Stimme.

Der Direktor legte das Walkie-Talkie beiseite.

„Soll ich?", fragte Marvin seinen Freund leise. Jonas nickte. Marvin wandte sich dem Direktor zu. „Frank, bist du dir sicher, dass wir den Wachmännern vertrauen können?"

Der Direktor war völlig überrascht. „Warum solltet ihr ihnen nicht vertrauen können?"

„Dieser Herr König ist mir nicht geheuer", erklärte

Marvin, und gemeinsam mit Jonas erzählte er, was ihnen aufgefallen war.

Nachdem sie geendet hatten, grinste Frank Hansen. „Herr König arbeitet seit vielen Jahren für mich“, beruhigte er die Kinder. „Macht euch keine Sorgen. Wahrscheinlich hat er die Kleidung nur zu heiß gewaschen, sodass sie eingelaufen ist. Und ich erwarte im Übrigen von keinem meiner Wachleute Kenntnisse über unsere Ausstellungsstücke.“

Der von den Kindern verdächtigte Wachmann betrat das Büro. Ihm folgte eine zweite, ihnen bislang unbekannte Person, die eine deutlich besser passende Uniform trug. Die Wachleute starrten auf die schimmernde Fläche an der Wand.

„Ihr begleitet die Kinder und passt gut auf sie auf", ordnete der Direktor an. Noch einmal griff er in eine der Schubladen und holte ein handliches Dinosaurierlexikon heraus. Der Wachmann König nahm es an sich. „Damit ihr wieder zurückkönnt, benötigt ihr den Würfel auf eurer Seite der Zeit."

Der andere Wachmann ging Richtung Schreibtisch, aber Marvin war schneller.

„Den nehme ich", sagte er entschlossen.

„Gib her!", fuhr ihn der Wachmann grimmig an.

Der Museumsdirektor hob beschwichtigend eine Hand. „Wer ihn trägt, ist doch egal. Hauptsache, er geht nicht verloren. Wenn ihr angekommen seid, müsst ihr

mindestens zwei Symbole miteinander vertauschen. Damit nichts von dort hierher gelangen kann."

Mit rasendem Herzen trat Marvin vor, dicht an seiner Seite befand sich Jonas. Gerade als sie durch das Zeitfenster treten wollten, fiel einem der Wachleute etwas ein.

„Wartet!", rief er und holte aus einer Ecke des Raumes eine Kühlbox. Sie stand direkt neben dem kleinen Kühlschrank, den sein Vater letztes Jahr fürs Büro gekauft hatte.

„Gut, dass Sie dran gedacht haben", lobte ihn der Direktor. „Jetzt aber los!"

Zusammen mit den Wachmännern gingen die Kinder durch die schimmernde Fläche hindurch, und Dunkelheit umgab sie.

„Hat jemand eine Taschenlampe dabei?", fragte Jonas.

„Haben wir zwar, aber wir brauchen sie nicht", brummte König. „Setzt einfach einen Fuß vor den anderen."

Tatsächlich wurde es vor ihnen bereits wieder heller. Sie näherten sich einer zweiten schimmernden Fläche. Marvin wunderte sich, weil er außer einem trockenen Mund keine Veränderung an sich spürte. Sie machten einen weiteren Schritt nach vorne, traten durch das Schimmern hindurch und standen plötzlich in einem dichten Wald.

„Sind das Birken?", wunderte sich Jonas.

„Ja", bestätigte ihm Marvin. „Zumindest Verwandte von unseren heutigen Birken. Ich habe mal in einem Buch gelesen, dass am Ende der Kreidezeit Laubbäume wie Birken und Weiden große Wälder bildeten."

„Puh", sagte Jonas. „Das wird uns echt niemand glauben." Er schluckte vernehmlich. „Hab ich einen trockenen Mund! Ist in der Box etwas zu trinken?" Der Wachmann nickte abwesend.

Vor ihnen war ein schmatzendes Geräusch zu hören. Zwischen den Bäumen tauchte zeitgleich ein etwa zehn Meter langes Tier auf. Auf seinem Kopf befand sich ein mächtiges Horn. Der Wachmann mit der Kühlbox in der Hand japste erschrocken auf. Die Box glitt ihm aus den Fingern und schlug ohne zu poltern auf dem Boden auf. Marvin bemerkte den beinahe lautlosen Aufprall. Seine Aufmerksamkeit galt für einen kurzen Moment nicht dem fremdartigen Tier. Hatte der Wachmann Jonas angelogen?

Warum wird Marvin misstrauisch?

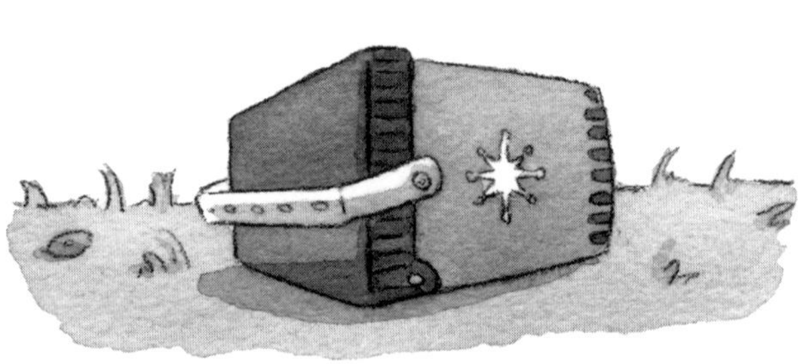

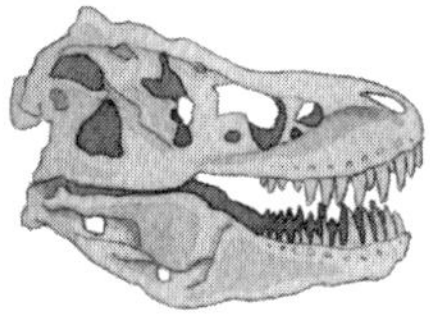

Geheimnisvolle Spuren

„Was ist das für ein Ungeheuer?“, flüsterte der Wachmann entsetzt.

Der Dinosaurier hatte sie inzwischen entdeckt und glotzte sie an. Er stieß einen tiefen, posaunenähnlichen Laut aus, bei dem sie alle zusammenzuckten und ein paar Schritte zurückwichen. Vorsichtig griff König in seine Jacke und zog eine Pistole heraus.

„Sie haben eine Waffe dabei?“, fragte Jonas ungläubig.

„Wie soll ich euch sonst beschützen?“, entgegnete der Mann.

Der Dinosaurier stellte sich auf die Hinterbeine. Sein Kopf war nun mindestens fünf Meter über dem Boden, gleichzeitig bewegte sich sein Schwanz unruhig hin und her.

„Das ist ein Pflanzenfresser“, beruhigte Marvin die Gruppe. „Seht nur!“

Ein Zweig mit grünen Birkenblättern hing direkt vor der schnabelartigen Schnauze des Sauriers. Mit dem Maul rupfte er Blätter vom Zweig ab. Seine Kaubewegungen ähnelten denen einer Kuh. Noch immer starrte er die Neuankömmlinge an.

„Er gehört zur Gattung der Entenschnabelsaurier", klärte Marvin die anderen auf. „Der ist absolut ungefährlich für uns."

Marvin erinnerte sich an die Anweisung, das Zeitfenster nach ihrer Ankunft zu schließen. Er musterte den Würfel und vertauschte zwei Symbole miteinander. Sofort verschwand die schimmernde Fläche. Marvin steckte den ägyptischen Gegenstand in seine weite Hosentasche, zog einen tief hängenden Zweig zu sich herunter und knickte ihn ab. Während er behutsam einen Schritt nach vorne ging, hielt er den Zweig wedelnd in die Höhe.

Jonas packte ihn am Arm. „Warum machst du das?"

„Stell dir vor, er würde sich füttern lassen!", erwiderte Marvin. „Wahrscheinlich könnte kein anderer Mensch von sich behaupten, dass ihm ein Dinosaurier aus der Hand gefressen hat."

Nachdem das Tier zu Ende gekaut hatte, ließ es sich auf seine Vorderbeine herab. Doch noch kam es nicht näher.

„Sieh dir seinen Knochenkamm an", staunte Marvin.

„Meinst du das Ding auf seinem Kopf?", fragte Jonas.

Marvin nickte. „Der ist bestimmt einen Meter lang und reicht ihm bis über die Schultern. Das muss ein Parasaurolophus sein. Die hatten von allen Entenschnabelsauriern die größten Kämme."

Auch Jonas griff sich einen Zweig und bot ihn dem

Dinosaurier zum Fressen an. „Komm zu mir, Dino. Hier gibt's ein Leckerli."

„Was ist es denn nun?", mischte sich König ein. „Ein Entenschnabelviech oder ein Parasaurier?"

Marvin verdrehte die Augen. „Vielleicht sollten sie sich mal die Dinosaurierausstellung im Museum näher anschauen. Der Parasaurolophus gehört zur Gruppe der Entenschnabelsaurier. Ihre Waffe können Sie übrigens wegstecken. Wenn er sich nicht gerade auf Sie draufsetzt, stellt er keine Gefahr dar. Falls er sich aber auf Ihnen niederlässt, nützt die Pistole nichts. Dann werden Sie von vier Tonnen Gewicht zerdrückt."

„Meinst wohl, du könntest frech werden, nur weil du Ahnung von Dinosauriern hast", zischte König.

„Lass gut sein“, beschwichtigte ihn der andere Wachmann.

Marvin blickte zum ersten Mal auf dessen Namensschild: Mit Vornamen hieß er Michael.

Mürrisch verzog König das Gesicht, steckte jedoch die Waffe wieder ein.

Aus weiter Ferne erklangen weitere Posaunenlaute. Marvin konnte drei oder vier verschiedene Klänge ausmachen. Der Dinosaurier wandte seinen Kopf um und stieß seinerseits einen lang gezogenen Ton aus. Dann drehte er sich von der Gruppe weg und lief in Richtung der anderen Geräusche.

„Schade“, meinte Marvin. „Nun hat er doch nichts von uns genommen. Aber zumindest wissen wir jetzt, dass die Dinoforscher recht haben. Er lebt tatsächlich in einer

Herde.“ Enttäuscht ließen die beiden Jungen die Zweige fallen.

„Kann ich etwas zu trinken haben?“, bat Jonas. „Mein Hals fühlt sich schon ganz rau an.“

„Die Männer haben gar keine Getränke dabei“, sprach Marvin seine Vermutung laut aus.

„Aber in der Box ...“, begann Jonas.

„... ist nichts drin“, führte Marvin den Satz fort.

„Woher willst du das wissen?“, fragte der Wachmann namens Bruchhaus. Er bückte sich und hob die Kühlbox hoch.

„Sie hätte sonst gepoltert, als sie auf den Boden gefallen ist“, erklärte Marvin.

„Ist das wahr? Sie nehmen eine leere Kühlbox mit? Wozu?“ Jonas war völlig verwirrt.

„Das geht euch gar nichts an“, entgegnete König unfreundlich. „Haben euch eure Eltern nicht beigebracht, dass man seine Nase nicht in die Angelegenheiten anderer Leute steckt?“

„Ganz wie Sie meinen“, beendete Marvin ihre kleine Auseinandersetzung. Eine Diskussion mit den Wachleuten kostete wertvolle Zeit, die sie besser für die Suche nach seinem Vater nutzen sollten. Er legte seine Hände wie einen Trichter um den Mund. „Papa!“, rief er laut.

„Bist du verrückt?“, fuhren ihn die Wachmänner gleichzeitig an. „Sei still!“

„Wie sollen wir meinen Vater aufspüren, ohne nach ihm zu rufen?" Marvin wunderte sich immer mehr, warum der Direktor ausgerechnet diese Wachleute angestellt hatte.

„Wenn du so weiterschreist, werden wir möglicherweise zuerst gefunden. Jedoch nicht von deinem Vater, sondern von Fleischfressern. Dies ist eine gefährliche Welt", belehrte ihn König.

Marvin wollte gerade zum Protest ansetzen, als ihm klar wurde, dass der Wachmann Recht hatte. Tatsächlich gab es hier genug Arten, für die vier Menschen ein feiner Leckerbissen wären. Umso mehr sorgte er sich um seinen Vater. Die Wachleute hatten wenigstens Pistolen, sein Vater war ganz auf sich allein gestellt.

„Durch Herumstehen werden wir meinen Vater aber wohl kaum finden", stellte Marvin fest.

„Wir verschaffen uns durch das Buch einen Überblick. Danach machen wir uns auf die Suche", schlug Michael Bruchhaus vor. Die beiden Männer zogen sich ein paar Meter zurück.

„Sollen wir die Gegend erkunden?", fragte Jonas. „Vielleicht stoßen wir auf Hinweise."

„Gute Idee", pflichtete Marvin ihm bei. Gemeinsam gingen sie zu den Wachmännern.

„Jonas und ich sehen uns hier um. Vielleicht gibt's irgendwo Spuren meines Vaters", teilte Marvin ihnen mit.

König nickte nur. Für einen Moment war Marvin sprachlos. Obwohl die Wachleute auf sie aufpassen sollten, scherten sie sich nun wenig darum, was er und Jonas taten. „Lass uns gehen“, sagte er schließlich. Als sie außer Sichtweite waren, schüttelte er verständnislos den Kopf.

„Was ist los?“

„Wenn Frank meinen Vater und mich das nächste Mal besuchen kommt, werde ich ihn auf die Wachmänner ansprechen. Bestimmt gibt es keine schlechteren als diese beiden.“

„Er schien aber viel von ihnen zu halten“, wandte Jonas ein.

Marvin zuckte mit den Achseln. Dann deutete er zu einer Stelle vor ihnen, an der die Bäume lichter wurden. „Ist der Wald dort zu Ende?“

„Sieht so aus“, bestätigte ihm Jonas.

Während sie darauf zuliefen, atmete Marvin tief ein. „Das riecht hier völlig anders als bei uns. Viel strenger.“

Auch Jonas nahm einen kräftigen Atemzug. „Stimmt“, sagte er. „Bleibt nur zu hoffen, dass der strenge Geruch nicht von einem riesigen Saurierhaufen stammt.“ Die beiden Jungen grinsten.

Kurz darauf traten sie zwischen den letzten nah beieinander stehenden Bäumen hervor. Vor ihnen erstreckte sich eine weite Ebene, stellenweise mit Gras und blühenden Blumen bedeckt, stellenweise ohne jeglichen Pflanzenwuchs. Bäume waren lediglich vereinzelt zu sehen. Pfützen hatten sich gebildet, anscheinend hatte es vor nicht allzu langer Zeit geregnet. Jetzt schien jedoch die tief stehende Sonne von einem wolkenlosen Himmel.

„Seltsam, dass wir hier tagsüber angekommen sind, wo es bei uns doch schon fast Nacht war“, meinte Jonas.

Marvin brummte zustimmend. Seine Konzentration galt dem Boden. Die Erde war durch den Regen aufgeweicht und schlammig geworden. Ein idealer Untergrund, um Spuren zu hinterlassen. Und tatsächlich entdeckte er ein paar Schritte entfernt etwas. Er rannte zu der Stelle und wünschte sich im selben Moment, er hätte es nicht bemerkt. Der Abdruck eines Schuhs hatte sich in den Schlamm gedrückt, und direkt dahinter befand sich der Abdruck eines Dinosaurierfußes. Für ein paar Sekunden schien sein Herz auszusetzen. Das außergewöhnliche Profil des Schuhs kannte er nur zu gut. War sein Vater etwa von einem Dinosaurier verfolgt worden? Marvin betrachtete den Abdruck näher. Dabei machte er noch eine andere Entdeckung.

Was stellt Marvin fest?

Begegnung mit T-Rex

Entrüstet marschierte Marvin zu den Wachmännern. „Warum haben Sie mir das nicht gesagt?“

Die Männer schauten sich verwundert an, nachdem sie zuvor in dem Dinosaurierlexikon geblättert hatten, das ihnen der Direktor mitgegeben hatte.

„Wovon redest du?“, fragte König.

„Warum haben Sie mir verschwiegen, dass mein Vater nicht allein unterwegs ist? Wer ist bei ihm? Ein weiterer Wachmann?“, wollte Marvin wissen.

„Ich habe keinen blassen Schimmer, wovon du sprichst“, meinte König.

Marvin schnaubte. Konnte er ihm glauben? Langsam beruhigte er sich wieder. Vielleicht hatten sie es ja tatsächlich nicht gewusst.

„Wir haben einen Fußabdruck gefunden“, erklärte Jonas.

„Dann haben wir eine Spur“, sagte Michael Bruchhaus. „Das ist gut!“

„Ist es nicht“, murmelte Marvin. „Er stammt von einem Dinosaurier. Genau davor befinden sich zwei Schuhabdrücke, die in den Wald führen. Mein Vater und die andere Person sind von einem Dinosaurier verfolgt worden." Die beiden Wachleute sprangen auf.

„Zeig sie uns!", forderte Bruchhaus. Jonas deutete in die Richtung, aus der sie gerade gekommen waren. „Wir müssen dorthin." Gemeinsam machten sie sich auf den Weg.

„Das ist ein verdammt tiefer Abdruck", stellte König fest. Er hatte sich auf den Boden gekniet. „Muss ein schweres Tier gewesen sein."

„Sie haben viel zu wenig Ahnung von Dinosauriern, um das beurteilen zu können", wandte Jonas giftig ein.

„Dazu muss ich nichts über Dinosaurier wissen, du Schlaumeier“, entgegnete König. „Je schwerer ein Tier ist, desto tiefer ist der Abdruck, den es hinterlässt. Das ist bei allen Lebewesen gleich.“

Marvin schwirrte der Kopf, während er auf den Boden starrte. Vor seinem geistigen Auge sah er denjenigen Dinosaurier, der das Ende der Kreidezeit beherrscht hatte: Tyrannosaurus Rex. Mit einer Länge von dreizehn Metern und einem Gewicht von bis zu sieben Tonnen war er eines der größten Raubtiere gewesen, das jemals auf der Erde gelebt hatte. Marvin erinnerte sich an ein Buch, in dem der T-Rex mit heute lebenden Tieren verglichen wurde. Darin hieß es, dass er länger als die Riesenschlange Anakonda, so hoch wie eine Giraffe und schwerer als ein Elefant gewesen war. Hatte dieses Monster wirklich seinen Vater gejagt?

Marvin klammerte sich hoffnungsvoll an die weiteren Informationen, die er noch im Kopf hatte: Einige Forscher waren überzeugt davon, dass der T-Rex nicht schnell laufen konnte. Daher griff er seine Opfer wahrscheinlich meistens aus dem Hinterhalt an oder gab sich mit Aas zufrieden. Er war einfach zu schwer, um sich richtig flink zu bewegen. Hätte sein Vater Vorsprung gehabt, so hätte er es vermutlich geschafft, sich in den Wald zu retten. Doch warum hatte er dann nicht auf ihr Rufen reagiert?

Jonas sah Marvin an, was der gerade dachte. „Er ist bestimmt entkommen“, tröstete er seinen Freund.

Marvin lächelte ihn dankbar an. „Das glaube ich auch. Mein Vater kann sehr schnell rennen und gut klettern.“

„In dem Fall müssen wir uns ja keine Sorgen um ihn machen“, mischte sich König spöttisch ein. Bevor Marvin etwas darauf erwidern konnte, spürte er ein leichtes Zittern der Erde.

„Was war das?“, fragte Bruchhaus, der das Zittern offensichtlich auch wahrgenommen hatte.

Marvin ließ seinen Blick über die weite Ebene schweifen. Die mittlerweile tief stehende Sonne blendete ihn, also hielt er sich zum Schutz eine Hand über die Augen.

Entsetzt erkannte er ein sich näherndes Monstrum. „Wir müssen weg hier!", rief er. „Sofort!"

Die anderen schauten ebenfalls in diese Richtung und schienen wie erstarrt. Marvin zog Jonas am Arm. „Jetzt!", schrie er. Der Tyrannosaurus hatte sich in der Zwischenzeit bestimmt um zwanzig Schritte genähert. Nun war er keine zweihundert Meter mehr von ihnen entfernt. Endlich reagierte Jonas. „Ab in den Wald!"

Die Kinder rannten los. Der Dinosaurier stieß ein ohrenbetäubendes Gebrüll aus. Sie erreichten die Bäume und mussten immer wieder den dicken Wurzeln ausweichen, um nicht hinzufallen. Marvin lief um sein Leben, hatte jedoch keine Chance, mit Jonas mitzuhalten. Innerhalb kürzester Zeit hatte sein Freund einen Vorsprung von vier oder fünf Schritten.

„Nicht so schnell!", japste Marvin. Er bekam Seitenstechen. Warum war er bloß so unsportlich? Jonas blieb stehen und drehte sich um.

„Verfolgt er uns?", wollte Marvin ängstlich wissen, als er seinen Freund erreicht hatte. Ihm fehlte der Mut, nach hinten zu sehen.

„Ich weiß es nicht", antwortete Jonas. „Aber die Wachmänner sind verschwunden. Ob sie in eine andere Richtung geflohen sind?"

In Marvins Fantasie schnappte sich der T-Rex die beiden Wachleute und verschlang sie.

„Los!“, spornte Jonas ihn an. „Wir müssen weiter!“

Sie rannten tiefer in den Wald hinein, ohne zu wissen, ob in ihm nicht schlimmere Gefahren lauerten. Schon bald hatte Jonas einen deutlicheren Vorsprung als zuvor.

Marvin hielt an und lehnte sich mit dem Rücken an einen breiten Baumstamm. „Ich kann nicht mehr!“, japste er. Hektisch ein- und ausatmend, stemmte er seine Arme in die Seiten.

Jonas wurde langsamer, drehte um und kam zu ihm zurück. „Noch ein kleines Stück tiefer in den Wald“, schlug er vor.

Marvin schüttelte den Kopf. „Ich bin völlig am Ende!“

Jonas sah sich um. „Vielleicht haben wir ihn abgehängt“, hoffte er. „Lass uns auf einen Baum klettern und

abwarten." Er trat zum nächstgelegenen Stamm, der sich in etwa drei Metern Höhe gabelte. „Wenn wir bis zu dieser Stelle kommen, können wir auf die Äste steigen."

„Das schaffe ich nie", stöhnte Marvin, der jeglichen Sport hasste.

„Ich helfe dir doch!", ermutigte Jonas seinen Freund. Er verschränkte seine Hände ineinander, die Handflächen nach oben.

„Das ist viel zu hoch für eine Räuberleiter", stellte Marvin fest.

„Lass es uns ausprobieren!", forderte Jonas.

„Und wie willst du ohne Hilfe hochkommen?"

Plötzlich hörten sie aus einiger Entfernung einen Knall. Die Jungen schauten einander an, Jonas ließ die Hände sinken.

„War das ein Schuss?", fragte Marvin.

Jonas nickte. „Ziemlich weit entfernt von uns, oder?"

„Klang zumindest so", bestätigte Marvin. Das hieß, dass sie vorläufig in Sicherheit waren. Doch nun kamen mit aller Macht die Sorgen um seinen Vater zurück. „Wir müssen meinen Vater finden. Außerdem bietet uns ein Baum keinen Schutz. Ein T-Rex kann ihn einfach mit seinem Körper rammen und uns zu Boden werfen."

„Daran habe ich gar nicht gedacht", gab Jonas zu. „Aber wie sollen wir deinen Vater aufspüren? Es wird dunkel, und wir haben keine Ahnung, wo er ist."

Leider hatte Jonas mit beiden Einwänden recht. Hektisch überlegte Marvin. Wie konnte er bloß den Aufenthaltsort seines Vaters ermitteln? Nach kurzem Grübeln erinnerte er sich an einen Gegenstand aus dem Büro seines Vaters. „Wir müssen zurück ins Museum."

„Wieso?", erkundigte sich sein Freund.

„Erkläre ich dir später. Lass uns jetzt keine Zeit verlieren. Sonst finden wir nicht mehr die Stelle, zu der uns der Zeittunnel gebracht hat", sprudelte Marvin hervor.

Sie liefen zurück, ungefähr den Weg wählend, den sie bei ihrer Flucht eingeschlagen hatten. Zum ersten Mal wurde sich Marvin der Geräusche um ihn herum bewusst. Sie klangen wie das Zirpen von Grillen. Gut möglich,

dass es tatsächlich Grillen waren, dachte er. Schließlich gab es Insekten noch länger als Dinosaurier.

Mit jedem Schritt schien es dunkler zu werden. Falls sie nicht bald den Ort ihrer Ankunft erreichten, müssten sie die Nacht hier verbringen und sich ein Versteck suchen.

„Die Kühlbox!“, rief Jonas. Er sprintete die letzten Meter, Marvin war direkt hinter ihm. Der Anblick der hellen Box versetzte sie in Hochstimmung. Marvin zog den Würfel aus der Hosentasche. Mit einer einzigen Drehung brachte er die Hieroglyphen in die richtige Reihenfolge. Dann legte er den Würfel auf den Boden. Wie im Museum erschien ein grauer Strahl. Weil es diesmal keine

Wand gab, entstand das Zeitfenster genau zwischen zwei Bäumen. Da hörte Marvin ein seltsames Rauschen über ihm. Instinktiv blickte er hoch. Zwischen den Blättern erkannte er den verschwindenden Umriss eines großen Flugsauriers. Oder hatte er sich das nur eingebildet?

In diesem Moment verglühte eine Sternschnuppe in der Atmosphäre. Ich will meinen Vater gesund wiedersehen, wünschte Marvin sich still.

Jonas unterbrach seine Gedanken. „Verrätst du mir nun, warum wir ins Museum zurückmüssen?"

„Wäre doch besser, wenn wir zwei Taschenlampen hätten, oder?", stellte Marvin fest.

Nachdem Marvin den Würfel aufgehoben hatte, betraten sie den Zeittunnel.

„Außerdem gibt es noch etwas, das ich mir im Büro meines Vaters angucken will", fügte er hinzu.

Weißt du, welchen Gegenstand sich Marvin im Büro ansehen will?

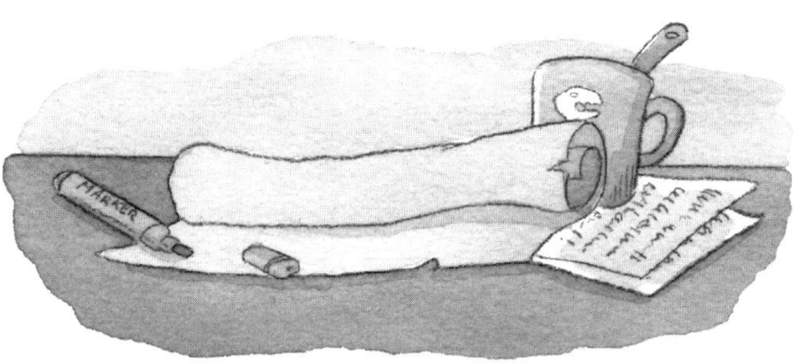

Unter Verdacht

Vor ihnen schimmerte es gräulich.

„Gleich sind wir da“, stellte Marvin fest. Einige Sekunden später standen sie wieder auf dem hellblauen Teppich im Büro seines Vaters. Eine kleine Schreibtischlampe erhellte den Raum.

„Wenn ich jetzt nichts zu trinken bekomme, sterbe ich“, stöhnte Jonas. Er sah sich im Büro um. „Wo ist der Direk...“ Sein Blick fiel auf die Wanduhr über der Tür. „Das kann nicht sein!“

Auch Marvin betrachtete die Uhr. Seit ihrer ersten Ankunft im Museum war nur etwas mehr als eine halbe Stunde vergangen. Dabei hatten sie doch viel mehr Zeit im Dinosaurierreich verbracht. „Seltsam. Vergeht drüben die Zeit schneller?“

Jonas zuckte mit den Achseln. „Scheint so. Gibt’s hier im Museum eigentlich einen Getränkeautomaten?“

Marvin zeigte auf den kleinen Kühlschrank in einer Ecke des Raumes. „Normalerweise hat mein Vater da immer ein paar Flaschen Wasser drin.“

Sein Freund ging zu dem leise summenden Gerät und riss die Tür auf. Ein zufriedenes Lächeln erschien auf seinem Gesicht. Unterdessen drehte Marvin an dem Würfel. Die graue Fläche löste sich spurlos auf.

Jonas holte zwei Halbliterflaschen Wasser aus dem Kühlschrank heraus. Er wandte sich Marvin zu. „Fang!"

„Moment!", sagte Marvin, während er den Würfel direkt neben sich auf den unaufgeräumten Boden legte. Dann klatschte er kurz in die Hände. Jonas warf ihm die Flasche zu, die Marvin sicher auffing.

„Wetttrinken?", schlug Jonas vor. Marvin nickte. Hastig öffneten sie die Schraubverschlüsse und setzten sich die Flaschen an die Lippen. Das kalte Wasser war eine Wohltat. Endlich verschwand das unangenehm trockene Gefühl aus ihren Kehlen.

„Erster!", riefen beide gleichzeitig, nachdem sie die Flaschen leer getrunken hatten. Sie grinsten einander an.

Jonas blickte sich um. „Eigentlich irre, oder?"

„Was ist irre?"

„Diese Zeitreise", erwiderte Jonas. „Wir gehen ein paar Schritte durch einen Tunnel und landen fünfundsechzig Millionen Jahre früher bei den Dinos. Hat dir dein Vater echt nichts davon erzählt?"

„Nein", sagte Marvin. Seitdem er vor dem T-Rex geflohen war, war ihm klar, warum sein Vater geschwiegen hatte. Hätte er von seinen Reisen berichtet, hätte Marvin sicher darauf bestanden, mitzukommen. Doch im Dinoreich war es für einen Menschen viel zu gefährlich.

Marvin richtete seine Augen auf den Boden. In der Nähe des Scrabblebretts lag die Karte, die ihm bereits zuvor aufgefallen war. Er trat um den Schreibtisch herum und bückte sich. Bevor er die Karte jedoch näher betrachten konnte, hörte er Stimmen.

„Verstecken wir uns“, flüsterte Marvin und deutete auf die Tür. Er faltete die Karte zusammen und steckte sie in seine Hosentasche. Jonas sah ihn erstaunt an. Statt ihm eine Erklärung zu geben, schlich sich Marvin aus dem Büro. Jonas folgte ihm. Die beiden orientierten sich nach rechts. Inzwischen waren die Stimmen lauter geworden. Anscheinend war jemand auf dem Weg ins Büro.

„Warum machen wir das?“, wisperte Jonas.

„Erzähle ich dir später“, gab Marvin ausweichend zurück. Seit er die beiden Schuhabdrücke entdeckt hatte, wusste er nicht mehr, ob er dem Direktor vertrauen konnte. Zumindest hätte der wissen müssen, dass sein Vater nicht allein unterwegs war. Aber diese Vermutung wollte Marvin vorläufig für sich behalten.

Die Jungen erreichten einen großen Glaskasten. Ein darin ausgestelltes Modell erläuterte, unter welchen Umständen es zur Versteinerung von Dinosaurierknochen gekommen war. Marvin zwängte sich hinter den Glaskasten. Bis zur Wand war lediglich etwa vierzig Zentimeter Platz. Jonas schüttelte zwar den Kopf, quetschte sich dann jedoch auch dahinter.

„Warum machen wir das?“, wiederholte er seine Frage leise.

„Ich will den anderen nicht erklären, warum wir zurückgekommen sind“, antwortete Marvin.

„Wir müssen ihn loswerden. Je schneller, desto besser“, sagte eine Stimme, die den beiden Jungs unbekannt war.

„Wie soll ich das begründen?“, wandte der Museumsdirektor ein. „Er hat heute seinen ersten Tag und verhält sich einwandfrei.“

Die beiden Männer betraten den Ausstellungsraum, der direkt zum Büro von Marvins Vater führte. Durch das Glas hindurch sah Marvin einen Wachmann, der ihnen bislang nicht begegnet war. Er ging voran und leuchtete dem Direktor den Weg.

„Geben Sie ihm für heute frei“, schlug der Mann vor. „Morgen kann er ja ganz normal arbeiten.“

„Sie stellen sich das alles etwas einfach vor“, zischte Frank Hansen.

„Sie hätten vorher daran denken müssen“, warf der Wachmann dem Direktor vor. „Wie konnten Sie ihn bloß vergessen?“ Die beiden gingen in das Büro.

„Noch keiner da“, murmelte Frank Hansen enttäuscht.

„Was sollen wir eigentlich mit den Kindern und diesem Diehl anstellen, sobald wir die Dinosauriereier haben?“, fragte der Wachmann.

„Darüber zerbreche ich mir bereits die ganze Zeit den

Kopf.“ Der Museumsdirektor seufzte. „Er muss meine Entscheidung akzeptieren.“

„Und falls Diehl sich weigert?“, bohrte der Wachmann nach. „Wenn er mit der Polizei droht?“

„Das macht er nicht. Immerhin haben wir ja seinen Sohn als Druckmittel.“

Der Wachmann lachte gekünstelt auf. „Wir haben ihn heute als Druckmittel. Und wenn er erst grummelnd zustimmt, nur um anschließend zur Polizei zu rennen? Sind Sie bereit, bis zum Äußersten zu gehen? Diese Eier sind auf dem Schwarzmarkt wahrscheinlich Millionen wert. Ich würde jedes Verbrechen der Welt dafür verüben. Warum schicken wir sie nicht einfach durch den Tunnel zurück zu den Dinos und behalten den Würfel auf unserer Seite der Zeit? Dann gibt es keine Zeugen und keine Spuren."

„Herr Diehl und ich sind befreundet!", empörte sich der Direktor.

Die Jungen sahen, wie die Bürotür von innen geschlossen wurde. Marvin blickte Jonas entsetzt an. Auch Jonas wirkte erschrocken. Ihm stand der Mund weit offen. Marvin legte einen Zeigefinger auf die Lippen, damit Jonas sie nicht versehentlich verriet. Jonas nickte.

Plötzlich erinnerte sich Marvin an den Würfel, der im Büro auf dem Boden lag. Verzweifelt schloss er die Augen. Falls der Direktor ihn bemerkte, wusste er, dass jemand durch das Zeitfenster zurückgekehrt war.

„Was ist mit dir?“, hauchte Jonas.

Marvin beugte sich ganz nah zu ihm. „Wir haben den Würfel vergessen. Lass uns verschwinden und die Polizei alarmieren, bevor sie ihn entdecken.“

„Okay.“

Lautlos entfernten sich die Jungen vom Büro. Fieberhaft dachte Marvin nach. Würde die Polizei ihm überhaupt glauben? Und wie sollte er sie benachrichtigen? Warum hatte sein Vater ihm bloß zum letzten Geburtstag kein Handy geschenkt? Dann wäre es jetzt so einfach, Hilfe zu holen.

Sie erreichten das Ende des Raumes. Vorsichtig tasteten sie sich vorwärts. Auf keinen Fall durften sie nun ein Ausstellungsstück umwerfen und dadurch die Männer auf sich aufmerksam machen. Deswegen kamen sie nur langsam voran. Jede Sekunde rechnete Marvin damit, dass der Direktor den Würfel fand und das Museum nach ihnen absuchte. Doch nichts passierte. Unbehelligt durchquerten sie den nächsten Raum.

„Ich kann's nicht glauben“, sagte Jonas. „Die wollen uns verschwinden lassen. Die wollen uns den Dinosauriern zum Fraß vorwerfen!“

Bevor Marvin etwas erwidern konnte, traf der Schein einer Taschenlampe sein Gesicht.

„Was treibt ihr denn hier?", fragte Kai, der an einem Fenster stand und sie verblüfft musterte.

Instinktiv rannten Marvin und Jonas los.

„Wartet!", rief Kai. Er stellte sich ihnen in den Weg. Jonas umkurvte ihn und konnte ausweichen. Aber Marvin war nicht so flink. Kai packte ihn am Kragen seines T-Shirts.

„Warum haut ihr vor mir ab?", wollte er wissen.

„Lauf weiter!", forderte Marvin seinen Freund auf, der unschlüssig stehen geblieben war. „Hol die Polizei!"

Kai ließ Marvin überrascht los. „Wieso soll er die Polizei holen?"

„Tun Sie nicht so scheinheilig!", schimpfte Marvin. Die Angst um seinen Vater und um sein eigenes Leben machte ihn rasend vor Wut. „Ich habe gehört, was Sie und Ihre Kollegen planen. Bestimmt hecken Sie das schon seit Wochen aus."

„Ich weiß nicht, wovon du redest. Das ist doch heute mein erster Arbeitstag hier im Museum."

„Ihr erster Tag?", erkundigte sich Marvin. Kai nickte.

Schlagartig spürte Marvin wieder etwas Hoffnung, diesen Albtraum heil zu überstehen.

Warum glaubt Marvin ihm?

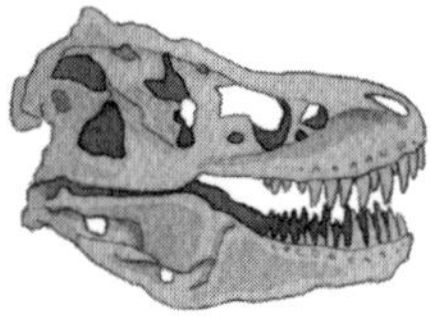

Die geheime Karte

„Das kann nicht wahr sein", meinte Kai kopfschüttelnd, nachdem er sich die Geschichte der Kinder angehört hatte. Auch Jonas vertraute Kai nun vollkommen, denn er hatte heute seinen ersten Arbeitstag und konnte von den Machenschaften des Direktors nichts wissen.

„Es stimmt wirklich", sagte Jonas eindringlich. „Wir erzählen Ihnen kein Märchen."

„Der Direktor war so nett zu mir", wandte Kai ein.

„Zu mir auch", murmelte Marvin traurig. „Zumindest früher."

„Aber ich gebe gerne zu, dass meine Kollegen alle sehr seltsam sind. Völlig unfreundlich. Außerdem kennen sie sich hier im Museum nicht besonders gut aus", sagte Kai.

„Reicht das nicht, um uns zu glauben?", fragte Jonas.

Kai wirkte unschlüssig. „Was habt ihr nun vor?"

„Wir müssen die Polizei alarmieren", antwortete Jonas.

„Und meinen Vater retten", fügte Marvin hinzu. „Leider habe ich den Würfel im Büro vergessen. Wir müssen den Direktor und den Wachmann hinauslocken."

„Haben Sie eigentlich eine Waffe?", erkundigte sich Jonas.

Kai schmunzelte. „Eine Waffe? Ich arbeite für ein Museum, nicht für eine Bank.“

„Die anderen Wachleute haben aber Pistolen“, klärte Jonas ihn auf.

Fünf Minuten später waren sie in dem Raum, der an das Büro angrenzte. Wie zuvor zwängten sich Marvin und Jonas hinter den Glaskasten.

„Ihr seid mucksmäuschenstill“, beschwor Kai sie. Der Wachmann ging zur Bürotür und klopfte dreimal.

„Was ist?“, ertönte die unfreundliche Stimme des anderen Wachmanns.

Kai öffnete die Tür. „Herr Hansen, das müssen Sie sich ansehen. Oben in der zweiten Etage stimmt was nicht.“

„Was stimmt denn nicht?“ Der Direktor klang erschöpft.

„Eine Wand in der Nähe der ägyptischen Pyramidennachbildung verändert sich. Als ob sie von einem schwarzen Loch verschluckt würde. Außerdem habe ich ein Grunzen gehört. Wie von einem Tier, das in einer Falle steckt. Ich weiß, dass das seltsam ...“

„In unserer Ägyptenausstellung?“, unterbrach ihn der Direktor. Kai nickte.

Die beiden Männer stürmten aus dem Büro. „Sie bleiben hier!“, befahl Hansen.

„Ich kann Ihnen die Stelle zeigen“, bot Kai an.

„Nein!“, entschied der andere Wachmann. „Du hast den Direktor gehört. Du bleibst hier! Wir werden es schon allein finden.“

Ohne einen Blick nach links oder rechts zu werfen, verließen sie den Ausstellungsraum.

„Jetzt bin ich wohl meinen Job los“, stellte Kai achselzuckend fest. Er winkte die Jungen zu sich. „Kommt heraus. Wir müssen die Zeit nutzen, bis sie den Schwindel durchschauen.“

„Das haben Sie toll gemacht“, lobte ihn Jonas. „Wie ein echter Schauspieler. Ich hab’s Ihnen fast selbst abgenommen.“

„Ich war während der letzten Schuljahre in einer Theater-AG. Hat sich wohl gelohnt.“

Marvin ging in das Büro und schaute sich um. Der Würfel lag noch immer am Boden. Bestimmt hatte der Direktor ihn wegen der daneben liegenden Zettel nicht bemerkt. Rasch hob Marvin ihn auf, brachte die Hieroglyphen in die richtige Position und stellte den Würfel auf den Schreibtisch. Wie zuvor schoss ein grauer Strahl heraus, der das Zeitfenster entstehen ließ.

„Krass!“, entfuhr es Kai. „Bis gerade eben war ich mir nicht sicher, ob ich euch wirklich glauben soll.“

„Warum so misstrauisch?“, fragte Jonas grinsend.

Bevor Kai darauf eine Antwort geben konnte, knackte sein Walkie-Talkie.

„Herr Richter, an welcher Wand ist Ihnen denn das Loch aufgefallen?“, erklang die Stimme des Direktors.

„Wir sollten uns langsam auf den Weg machen“, drängte Marvin.

„Wartet“, bat Kai. „Einen Spaß möchte ich mir noch gönnen.“ Er drückte die Sprechtaste. „Was, krrr, kann, krrr, hör, krrr.“ Nach jedem Wort ahmte er Störgeräusche nach. Die Jungen sahen sich an und lachten.

„Was soll das?“, fauchte der Direktor.

Kai legte das Gerät auf den Schreibtisch. „Das können wir bei den Dinos wohl nicht gebrauchen.“

Marvin nahm den Würfel an sich und dann betraten sie das Zeitfenster.

„Verdammt“, ärgerte sich Jonas nach dem dritten Schritt in völliger Finsternis. „Wir haben das Wasser vergessen.“

„Wir können aber nicht mehr zurück“, meinte Marvin.

„Wofür brauchen wir Wasser?“, erkundigte sich Kai. Ein paar Schritte später wusste er es. „Meine Kehle ist so trocken“, wunderte er sich. Sie gingen durch das Schimmern auf der anderen Seite und standen auf dem Waldboden. Fassungslos blickte Kai sich um und leuchtete mit seiner Taschenlampe hin und her. „Selbst wenn wir nicht im Zeitalter der Dinosaurier sein sollten, ist das Wahnsinn. Gerade waren wir noch im Museum, und jetzt stehen wir in einem Wald.“

„Sie werden früh genug feststellen, in welcher Zeit wir gelandet sind", sagte Marvin. Er vertauschte zwei Hieroglyphen und die schimmernde Fläche verschwand. Mittlerweile war die Sonne untergegangen, und man konnte in der Dunkelheit kaum noch etwas erkennen. Aus seiner Hosentasche holte Marvin die Karte heraus. „Können Sie mir bitte leuchten?"

Kai trat zu ihm und richtete den Strahl seiner Taschenlampe auf die Landkarte. „Was ist das?"

„Die hat mein Vater gezeichnet." Zum ersten Mal betrachtete Marvin die Karte genauer. In drei unterschiedlichen Kartenabschnitten hatte sein Vater sechs Kalenderdaten und die Namen von drei verschiedenen Dinosaurierarten notiert. Marvin fuhr mit seinem Finger über die Zeichnungen. An einem Ende des Blattes hatte er ein paar dicht beieinander stehende Bäume gemalt und den Namen Parasaurolophus geschrieben. „Diesem Dinosaurier sind wir schon begegnet“, erklärte Marvin. „Ein harmloser Pflanzenfresser. Lebt in Waldgebieten. Die Bäume sollen bestimmt den Wald darstellen.“ Sein Finger bewegte sich zu einer grün schraffierten Fläche, die sich direkt an die Bäume anschloss. Dort stand Pachycephalosaurus. „Ich bin mir nicht sicher, ob es sich bei dieser Art auch um einen Pflanzenfresser handelt“, meinte Marvin. Die grün schraffierte Fläche war mit einer braunen verbunden, in deren Nähe sich eine geschlängelte, blaue Linie befand. Ankylosaurus hatte sein Vater dort notiert.

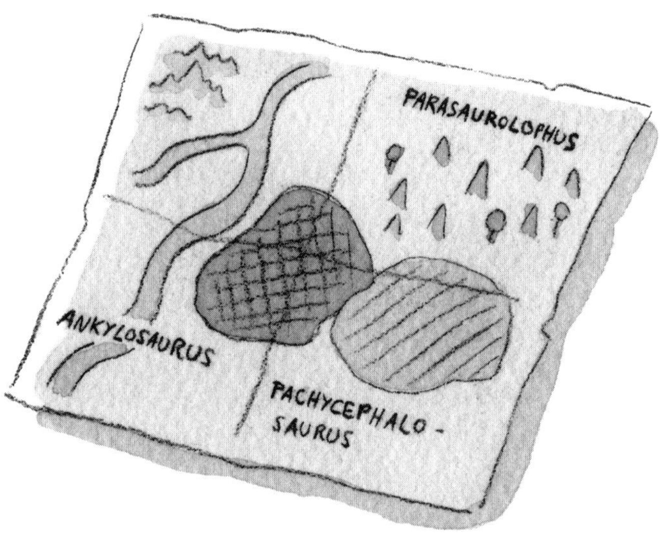

„Und was für eine Dinosaurierart ist das?“, fragte Jonas.

„Keine Ahnung“, gab Marvin zu. Er sah von der Karte hoch. „Leuchten Sie mal bitte nach unten. Hier muss irgendwo ein Buch herumliegen.“

Kai ließ den Lichtstrahl über den Boden gleiten.

„Da!“, rief Jonas. Das Lexikon lag ganz in ihrer Nähe.

Marvin hob es von der Erde auf und blätterte zum Buchstaben A.

„Ankylosaurus“, las er vor. „Am Ende der oberen Kreidezeit, vor 71 bis 65 Millionen Jahren, lebte der größte aller pflanzenfressenden Dinosaurier. Er konnte bis zu zehn Meter lang und fünf Meter breit werden. Damit war er doppelt so groß wie ein Nashorn. Sein Plattenpanzer bestand aus hunderten reihig angeordneten Knochenplatten. Diese waren in der ledrigen Haut eingelassen und waren deshalb beweglich. Der Panzer, der noch durch viele Stacheln verstärkt wurde, zog sich über den gesamten Körper. Auch die Augen wurden von zwei kleinen Platten geschützt. Hinten am Schädel hatte er mehrere große, dreieckige Hörner. Sein Schwanz endete in einer Knochenkeule, mit der er sogar einen Tyrannosaurus Rex außer Gefecht setzen konnte. Für Fleischfresser war er ein kaum zu besiegender Gegner. Er bewegte sich auf vier kurzen, stämmigen Beinen. Weil er sich wegen seines Gewichts von bis zu fünf Tonnen schlecht aufrichten

konnte, fraß er nur niedrig wachsende Pflanzen wie Farne. Wahrscheinlich lebte er zum Schutz vor Raubtieren in Herden."

Marvin blätterte weiter zum Buchstaben P. „Pachycephalosaurus war einer der letzten Dinosaurier der Kreidezeit und lebte vor 84 bis 65 Millionen Jahren. Die Tiere wurden fünf Meter lang und etwa zwei Tonnen schwer. Auf Deutsch bedeutet sein Name Dickschädelechse und leitet sich von seinem Schädeldach her, das wie eine Kuppel gewölbt und 25 Zentimeter dick war. Unklar ist, welchen Zweck die Schädeldecke hatte. Wissenschaftler streiten noch, ob die ungewöhnlich große Schädeldecke zum Austragen von Kämpfen unter den Männchen gedient hat oder lediglich ein Schmuck war, um den Weibchen zu imponieren. Die Tiere lebten in Herden. Zum Schutz vor Angriffen nahmen die Gruppen ihre Jungen in die Mitte. Trotzdem dürfte Pachycephalosaurus keine Chance gegen einen Raubdinosaurier gehabt haben, selbst wenn er sich mit seinem harten Schädel verteidigen konnte."

Marvin schlug drei Seiten um und überflog die Informationen über den Parasaurolophus. Den wichtigsten Teil las er wieder laut vor. „Seine einzige Chance bei einem Angriff war die Flucht. Normalerweise ging er auf vier Beinen, bei Gefahr lief er jedoch schnell auf zwei Beinen davon." Er klappte das Buch zu. „Ich glaube, jetzt weiß ich, wo sich mein Vater versteckt hält. Kommt mit."

Was vermutet Marvin?

Ein Wunsch geht in Erfüllung

„Vielleicht ist es besser, wenn wir die Kühlbox mitnehmen", schlug Marvin vor.

„Wieso?", fragte Jonas. „Die ist doch leer."

„Falls uns ein Fleischfresser begegnet, könnten wir sie gegen ihn werfen, um Zeit zu gewinnen."

„Na ja", brummte Kai. „Besser als nichts." Er hob die Box auf. „Kannst ja das Buch hineinlegen."

„Einverstanden", sagte Marvin. Er packte das Lexikon in den Behälter. „Aber irgendetwas müssen wir hier zurücklassen. Damit wir die Stelle wiederfinden."

Kai zog seine Jacke aus und hängte sie über einen Ast. „Ist ja eh ganz schön warm hier."

„Stimmt", stellte Marvin fest. „Laut der Karte müssen wir den Wald verlassen und dann eigentlich immer nur geradeaus laufen. Die blaue Linie ist bestimmt ein Fluss. In seiner Nähe treffen wir wahrscheinlich auf eine Ankylosaurusherde." Und hoffentlich auch auf meinen Vater, fügte er in Gedanken hinzu.

„Ich gehe voran", bestimmte Kai. „Und leuchte uns den Weg. Damit wir nicht aus Versehen einem schlafenden T-Rex auf den Schwanz treten."

Sie brachen auf: Kai ging mit der Taschenlampe vorneweg, Marvin und Jonas blieben dicht hinter ihm. Rasch hatten sie das Ende des Waldes erreicht. Kaum waren sie zwischen den letzten Bäumen hindurchgetreten, fesselte der Himmel Marvins Aufmerksamkeit.

„Wow!“, flüsterte er bei dem sich bietenden Schauspiel. Die beiden anderen starrten ebenso gebannt nach oben. Neben dem Vollmond war am Himmel eine Sternschnuppe nach der anderen zu sehen, manchmal sogar mehrere gleichzeitig.

Schließlich ging Kai weiter. Die Kühlbox hatte er unter seinen linken Arm geklemmt, die Taschenlampe hielt er rechts. Unaufhörlich schwenkte er sie hin und her, bis der Lichtkegel eine Herde nah beieinander schlafender Tiere erfasste. Abrupt blieben sie stehen.

Marvin bemerkte die dicke Schädeldecke. „Auch wenn es harmlose Pflanzenfresser sind, sollten wir sie lieber nicht aufwecken."

Kai nickte und setzte sich wieder in Bewegung. Es fiel ihm nicht leicht, sich von dem Anblick zu trennen.

Der Untergrund veränderte sich. Das Gras machte Farnen Platz. Zudem mussten sie inzwischen immer wieder Steinen ausweichen, die ohne den Lichtkegel der Lampe zu Stolperfallen geworden wären.

„Wartet!", sagte Kai mit einem Mal. „Hört ihr das?"

Marvin vernahm tatsächlich ein Geräusch, das ihm bislang nicht aufgefallen war: rauschendes Wasser. „Das ist der Fluss!"

„Dann lasst uns jetzt sehr vorsichtig weitergehen“, schlug Kai vor. „Auch auf einen Keulenschwanz sollten wir nicht treten.“

Mit jedem Schritt wurde das Rauschen lauter. Sie stiegen eine kleine Anhöhe hinauf. Als sie den höchsten Punkt erreicht hatten, entdeckten sie den Fluss. Er war etwa 200 Meter entfernt, bis zum Wasser ging es nur noch bergab. Zwischen ihnen und dem Fluss lagen fünf gigantische Tiere, die sie dank des hellen Mondlichtes deutlich erkannten.

„Eine Ankylosaurusherde“, wisperte Marvin.

„Zum Glück schlafen sie alle“, sagte Jonas. „Die sind ja riesig!“

Vom Flussufer drang plötzlich ein schwacher Lichtstrahl zu ihnen hoch.

„Ist das mein Vater?“, fragte Marvin aufgeregt. „Leuchten Sie mal dorthin, bitte!“

Kai richtete die Taschenlampe auf das Flussufer, doch es war zu weit weg, um etwas zu erkennen. Allerdings bewegte sich die matte Lichtquelle auf sie zu.

„Das ist bestimmt mein Vater!“, rief Marvin. Er wollte schon losstürmen, aber Kai hielt ihn fest.

„Lass ihn lieber zu uns kommen! Sonst wird vielleicht ein Keulenschwanz wach“, wandte Kai ein.

Ungeduldig beobachtete Marvin, wie sich die Person vorsichtig zwischen den schlafenden Tieren hindurchbewegte. Als sie die Dinosaurier hinter sich gelassen hatte, erkannte Marvin seinen Vater. Sein Herz machte einen Freudensprung.

Kai nahm die Hand von seiner Schulter. „Jetzt kannst du gehen. Aber sei nicht zu laut!“

Das ließ sich Marvin nicht zweimal sagen. Er rannte los, und auch sein Vater lief ihm schnell entgegen. Sie fielen sich in die Arme.

„Papa!“, schluchzte Marvin erleichtert, während er sich fest an seinen Vater presste.

Ein paar Minuten später traten sie den Rückweg an. Marvins Vater erzählte ihnen von seinen letzten Stunden.

„Frank betrat mein Büro, zwei Männer hinter ihm, die ich noch nie gesehen hatte. Er fragte mich, ob ich meine Meinung geändert hätte, doch ich antwortete Nein. Dann machten sie die Tür von innen zu und schlossen ab.“

„Worüber hättest du deine Meinung ändern sollen?“, erkundigte sich Marvin.

„Frank will Dinosauriereier aus der Vergangenheit mitgebracht bekommen, um sie zu verkaufen. Ich bin strikt dagegen. In unserer Zeit ist kein Platz für Dinosaurier. Niemals hätte ich ihn für so geldgierig gehalten.“ Er seufzte. „Kaum hatten sie die Tür versperrt, zwangen sie mich mit vorgehaltener Pistole zu einer Zeitreise. Ein Wachmann begleitete mich. Unsere Wege trennten sich

erst, als wir von einem T-Rex verfolgt wurden. Dabei ist mein Würfel hingefallen und zerbrochen.“ Er griff in seine Hosentasche und holte drei Einzelteile heraus. „Deswegen konnte ich auch nicht zurück. Aber ich habe die Stücke eingesammelt, bevor sie in unserer Gegenwart von einem Forscher ausgegraben werden. Schließlich könnte man die darauf befindlichen Hieroglyphen nicht mit der Zeit der Dinosaurier in Einklang bringen.“

„Wir müssen den anderen Würfel nach unserer Rückkehr ebenfalls zerstören“, stellte Kai fest. „Sonst werden sie es wieder von Ihnen verlangen.“

Marvins Vater nickte. „Daran habe ich auch schon

gedacht. Wenn wir sie nach unserer Rückkehr nur irgendwie ablenken könnten.“ Sein Blick fiel auf die Kühlbox. Schlagartig machte sich ein Lächeln auf seinem Gesicht breit.

Eine halbe Stunde später erreichten sie den Rand des Waldes, wo sie bereits erwartet wurden: Die Wachleute König und Bruchhaus standen dort ebenso wie ein dritter Wachmann. Zwei von ihnen hatten ihre Pistolen gezückt.

„Sieh an“, sagte König. „Unsere ausgeflogenen Vögelchen kehren zurück. Manchmal gehen Wünsche tatsächlich in Erfüllung.“

„Heute hast du ja genug Wünsche frei gehabt“, kicherte Bruchhaus und deutete mit dem Kopf Richtung Himmel. Die Anzahl der Sternschnuppen hatte sich vervielfacht.

„O nein“, stöhnte Marvins Vater unvermittelt. „Warum ist mir das nicht eher aufgefallen?“

„Was meinen Sie?“, fragte König misstrauisch.

„Wir müssen weg hier!“, rief Marvins Vater.

„Wir brechen erst auf, sobald wir genug Dinosauriereier gefunden haben“, erklärte der dritte Wachmann.

„Die Eier sind in der Kühlbox“, sagte Marvins Vater.

„Zeigen Sie her!“, forderte Bruchhaus.

„Dafür ist jetzt keine Zeit“, entgegnete Marvins Vater. „Das sind keine gewöhnlichen Sternschnuppen, sondern kleine Bruchstücke eines nachfolgenden Meteors, die in der Atmosphäre verglühen. Sie wissen hoffentlich, dass die Dinosaurier vor 65 Millionen Jahren wegen eines gewaltigen Meteoriteneinschlags ausgestorben sind.“ Einen Moment lang starrte er noch zum Himmel. Dann streckte er seinen rechten Zeigefinger aus. „Sehen Sie das? Diesen hellen Punkt?“

„Meinen Sie den Stern?“, erkundigte sich Bruchhaus.

„Seit wann nähern sich Sterne dem Betrachter?“, erwiderte Marvins Vater.

Tatsächlich hatte er Recht: Der helle Punkt kam ihnen entgegen und wurde größer.

„Wir müssen hier weg. Der Einschlag wird eine unglaubliche Druckwelle auslösen und alles Leben im Umkreis von tausenden Kilometern auslöschen."

König nahm ihm die deutlich schwerer gewordene Kühlbox ab. Er nickte zufrieden. „Zurück in den Wald zu unserem Startpunkt."

„Und Sie haben auch nichts Modernes zurückgelassen?", wollte Marvins Vater wissen. „Nicht dass ein Paläontologe in unserer Zeit etwas ausgräbt, was es hier nicht hätte geben dürfen."

„Keine Sorge, so blöd sind wir nicht. Wir haben keine Spuren hinterlassen."

„Sind Sie sicher?", fragte Marvin, der sich an ein Geräusch während ihrer Flucht vor dem T-Rex erinnerte.

Weißt du, was Marvin meint?

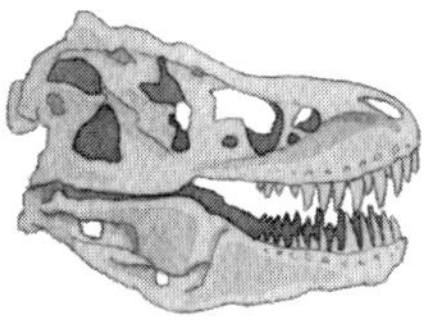

Nie wieder!

„Haben Sie die Kugel eingesammelt?“, fragte Marvin die Wachleute.

„Ist das dein Ernst?“, gab König zurück. „Hinter uns war ein mindestens zehn Meter großer Tyrannosaurus her. Nur durch einen Schuss in seinen Hals konnten wir ihn in die Flucht schlagen. Wie sollten wir da die Kugel einsammeln?“

„Sie haben ihm in den Hals geschossen?“, fragte Marvins Vater entsetzt.

„Und?“, zischte Bruchhaus. „Benachrichtigen Sie jetzt den Tierschutzverein?“

„Darum geht es nicht. Stellen Sie sich vor, ein Forscher entdeckt das Skelett eines Dinosauriers, in dem eine Pistolenkugel steckt. Nicht auszudenken!“ Frustriert schüttelte er den Kopf.

„Wir sollten uns auf den Heimweg machen“, mischte sich Kai ein. „Der Meteor kommt immer näher.“

Alle richteten ihre Aufmerksamkeit auf den Himmel. Kai hatte Recht. Inzwischen konnte man den Meteor klar als Feuerball erkennen. Zudem war ein ununterbrochenes Grollen zu vernehmen.

„Was ist das?“, rief Bruchhaus plötzlich. Er richtete den

Strahl seiner Taschenlampe auf die offene Ebene. Die Pachycephalosaurus-Herde galoppierte wie gehetzt davon. Offensichtlich hatte sie das Grollen aus dem Schlaf gerissen und in Panik versetzt. Nun flüchteten sie vor der Gefahr am Himmel.

Das wird euch leider nicht helfen, bedauerte Marvins Vater im Stillen.

„Lasst uns verschwinden“, befahl König. „Sofort!“ Mit der Kühlbox unterm Arm leuchtete er ihnen den Weg. Das bedrohliche Geräusch wurde lauter. Sie erreichten die Stelle, an der Kai seine Jacke über den Ast gehängt hatte. Hektisch zog er sie an. Unterdessen legte Marvin den Würfel auf den Boden und kurz darauf hatte sich das Zeitfenster gebildet. Sein Vater nahm den Würfel an sich.

„Zuerst du und Bruchhaus", wandte sich König an den dritten Wachmann. „Dann schicke ich unseren Eierfinder und den lieben Kollegen Kai los. Zuletzt folge ich euch zusammen mit den Kindern."

Die beiden Wachleute verschwanden im Zeittunnel.

„Beeilt euch", spornte König sie an. Er drängte die anderen zu der grauen Fläche. „Oder möchte jemand hierbleiben und das Aussterben der Dinosaurier am eigenen Leib miterleben?"

Kai und Marvins Vater machten sich auf den Weg zurück in die Gegenwart.

„Und jetzt ihr Quälgeister!" Gemeinsam mit den Kindern ging König durch das Zeitfenster.

„Wo sind sie?", wollte der Museumsdirektor aufgeregt wissen. „Wo sind die Eier?"

Das Büro war überfüllt. Eigentlich war es viel zu eng für sieben Erwachsene und zwei Kinder. Marvins Blick fiel auf die Uhr über der Tür. Seitdem sie im Museum auf Kai gestoßen waren, waren keine zwanzig Minuten vergangen. Seltsam, dass die Zeit auf der anderen Seite des Tunnels so viel schneller ablief.

„Ich hab sie hier in der Kiste!", rief König triumphierend. „Wir sind reich!"

„Geben Sie her!", sagte der Direktor und ging zu ihm.

Marvins Vater drehte an den Hieroglyphen und verschob sie, sodass sich das Zeitfenster schloss. Im gleichen Moment öffnete König die Box. Er schaute auf zwei rundliche Steine.

„Sind das wirklich Dinoeier?“, fragte er verwundert und nahm einen hellen Stein heraus.

Marvins Vater umklammerte den ägyptischen Würfel. Er würde nur einen Versuch haben. Mit aller Kraft schleuderte er ihn von sich. Der Würfel flog knapp über Bruchhaus' Kopf hinweg und knallte gegen die Wand. Dabei zersprang er in drei Teile, die zu Boden fielen.

Der Direktor hörte den Aufprall und sah sich fassungslos um. „Warum hast du das getan? Wo ist der andere Würfel?“

Marvins Vater holte die Einzelstücke aus seiner Hosentasche. „Unbrauchbar für weitere Reisen“, stellte er fest.

Plötzlich heulte König auf. „Das ist doch ein Stein!“, schrie er.

„Es sind sogar zwei Steine“, entgegnete Marvins Vater in aller Ruhe. „Ich hatte Angst, das Gewicht der Kühlbox würde Sie misstrauisch machen. Zum Glück kennen Sie sich mit Dinosauriern nicht gut aus.“

„Du hast Steine in die Box gelegt?“, vergewisserte sich Hansen, der kreidebleich geworden war.

„Und die Würfel sind zerstört. Es gibt kein Zurück mehr. Aus dem Geschäft deines Lebens wird leider nichts“, stellte Marvins Vater fest.

„Dann bin ich endgültig erledigt“, flüsterte der Direktor. „Glaubst du, ich wollte das Geld für mich allein behalten?“

„Wieso bist du erledigt?“, wunderte sich Marvins Vater.

„Die Maya-Ausstellung“, erklärte Hansen. „Ich hatte gehofft, sie würde unzählige Besucher anlocken. Deswegen habe ich so viel Geld dafür ausgegeben. Ohne mir die Zustimmung von den Museumsbesitzern einzuholen. Aber stattdessen hatten wir einen Besucherrückgang. Gutes Wetter ist ein Fluch für unser Museum. Man wird mich entlassen. Ich bin für die Verluste verantwortlich.“

„Das ist doch kein Grund, Dinosauriereier in die Gegenwart zu holen. Hast du keine Vorstellung davon, wie gefährlich das gewesen wäre? Du kannst doch mit Dinosauriern keinen Streichelzoo eröffnen."

„Papa, du weißt noch nicht mal alles", mischte sich Marvin ein. „Frank hat mit einem Wachmann darüber diskutiert, uns in der Vergangenheit zurückzulassen, damit es keine Zeugen gibt."

„Ist das wahr?", fragte sein Vater schockiert.

„Er hat es vorgeschlagen", erwiderte Frank Hansen trübselig und deutete auf den vierten Wachmann. „Ich hätte niemals zugestimmt."

„Woher kennst du sie überhaupt? Wo sind die echten Wachleute?", wollte Marvins Vater wissen.

„Ich habe einen Ausflug mit Übernachtung auf Kosten des Hauses organisiert, damit sie uns nicht in die Quere kommen. Du kannst dir nicht vorstellen, wie sehr sie sich darüber gefreut haben. Nur hatte ich leider vergessen, dass der neue Aushilfswachmann ausgerechnet heute seinen ersten Arbeitstag hat."

Stefan König zog unvermittelt seine Waffe. „Genug gequatscht!", rief er. Er richtete die Pistole auf Marvins Vater. „Sie haben mir das Geschäft meines Lebens versaut. Das wären für jeden mindestens eine Million gewesen. Wie wollen sie das wiedergutmachen?"

Seine Komplizen zückten ebenfalls ihre Waffen. Sie trieben Kai, Marvins Vater und die Kinder in eine Ecke des Büros.

„Was wollen Sie von uns?“, erkundigte sich Marvins Vater mit zitternder Stimme.

„Ich will die vereinbarte Kohle!“, antwortete König.

„Waffen runter!“, schrie plötzlich eine laute Stimme. Zwei Polizisten stürmten in den Raum. Marvin sah zwei weitere an der Tür warten. Erleichtert atmete er auf. Waren sie also noch rechtzeitig erschienen.

Widerstandslos ließen die falschen Wachleute ihre Pistolen sinken. Sie waren vom Auftauchen der Polizei zu überrascht. Die Polizisten nahmen ihnen die Waffen ab und legten ihnen Handschellen an.

„Wer von Ihnen ist Kai Richter?“, fragte ein Polizist. Kai hob einen Arm.

„Wer hat Sie gerufen?“, wollte der Direktor wissen.

„Das war ich“, gab Kai zu. „Nachdem mir die Jungs in die Arme gelaufen waren und mir die ganze Geschichte erzählt hatten, musste ich doch reagieren.“

„Und wie sind Sie hier hereingekommen?“, bohrte der Museumsdirektor nach.

„Die Tür war nicht verschlossen“, erklärte der Polizist, der das Kommando hatte. „Deswegen konnten wir uns lautlos anschleichen.“

„Auch das war ich“, fügte Kai hinzu. „Ich habe die Türen aufgeschlossen und den Alarm abgeschaltet.“

„Sie haben den Alarm abgeschaltet?“ Frank Hansen klang völlig entsetzt. „Und wenn man uns in der Zwischenzeit ausgeraubt hätte?“

„Regen Sie sich nicht auf“, beschwichtigte ihn der Polizist. „Ist doch alles gut gegangen.“

„Außerdem gibt es wertvollere Schätze als die Ausstellungsstücke“, sagte Kai und fuhr Marvin über den Kopf.

Der Polizist deutete auf die falschen Wachleute. „Das sind alle Schuldigen, oder?“

„Nicht ganz“, erwiderte Marvins Vater und zeigte auf seinen langjährigen Freund. „Dieser Mann hatte ihnen den Auftrag gegeben, uns zu entführen.“

Marvin, sein Vater, Jonas und Kai standen an der Ausgangstür. Sie beobachteten die Polizisten beim Abtransport der fünf Männer.

„Ob einer von ihnen wohl die Zeitreise erwähnt?“, fragte Marvin.

Sein Vater nahm ihn in den Arm. „Keine Ahnung. Aber glauben wird es ihnen sowieso niemand.“ Er lächelte. „Ich hoffe, ihr habt nichts gegen eine Nacht im Museum als Ausgleich für den Kinobesuch.“

„Eine Nacht im Museum?“, wunderte sich Jonas. „Bleiben wir denn noch hier?“

„Natürlich“, erklärte Marvins Vater. „Schließlich können wir einen neuen Wachmann nicht allein lassen. Und ihr wisst gar nicht, wie aufregend eine Museumsnacht sein kann.“

„Doch, das wissen wir …“, gluckst en Marvin und Jonas.

Lösungen

Endlich Ferien!

Marvin glaubt dem Mann, weil er den Knochen aus dem Büro seines Vaters bei sich hat. Das ist für ihn der Beweis, dass der Mann tatsächlich im Museum arbeitet.

Unheimliche Begegnungen

Jonas wird misstrauisch, weil dem Mann die Uniform schlecht passt und dieser nicht sagen kann, um welchen Dinosaurier es sich handelt.

Der Schlüssel zur Zeit

Die Kombination 3-1-1-6-1-1 öffnet den Tresor. Legt man aus den Scrabbleplättchen den Namen Marvin, bekommt man genau diese Zahlenreihenfolge.

Eine weite Reise

Eine mit Getränkeflaschen oder -dosen gefüllte Kühlbox hätte beim Aufprall laute Geräusche erzeugt. Also scheint die Box leer zu sein.

Geheimnisvolle Spuren

In dem Schuhabdruck seines Vaters befindet sich noch

ein kleinerer Abdruck. Folglich ist Marvins Vater nicht allein gewesen.

Begegnung mit T-Rex

Marvin hofft, dass die selbst gezeichnete Landkarte im Büro seines Vaters Anhaltspunkte über dessen möglichen Aufenthaltsort liefert. Deswegen will er sie holen.

Unter Verdacht

Der Direktor spricht mit einem anderen Wachmann über einen Mann, der seinen ersten Arbeitstag hat. Außerdem hatte sich Kai im Auto gefragt, warum Marvins Vater ausgerechnet an diesem Abend verschwinden musste. Für einen Wachmann, der seinen Dienst neu angetreten hat und nicht in die finsteren Pläne der anderen eingeweiht wurde, ist das eine sehr verständliche Reaktion.

Die geheime Karte

Marvin vermutet, dass sich sein Vater zum eigenen Schutz in der Nähe der Ankylosaurier aufhält, weil diese wegen ihres Panzers und des Keulenschwanzes keine leichte Beute für Fleisch fressende Dinosaurier sind.

Ein Wunsch geht in Erfüllung

Die Kinder hatten bei der Flucht vor dem T-Rex einen Schuss gehört, also muss es irgendwo eine Kugel geben.

Glossar

Aas: toter Körper eines Tieres

Anakonda: am Wasser lebende, südamerikanische Riesenwürgeschlange

Ankylosaurier: schwer gepanzerter, Pflanzen fressender Dinosaurier. Auf dem Rücken trug er dicke Knochenplatten und Dornen. Besonders ausgeprägt war die Kopfpanzerung. Die Schwanzspitze bestand aus einer Knochenkeule.

Archäologie: Wissenschaft von den sichtbaren Überresten alter Kulturen, die durch Ausgrabungen erschlossen werden können

Ceratosaurus: Fleisch fressender Dinosaurier, der durch ein kleines Horn auf der Schnauze gekennzeichnet war. Er lebte in Nordamerika und Ostafrika. Die größten Vertreter seiner Art wurden etwa 6 Meter lang.

Entenschnabeldinosaurier: deutscher Name für die Gruppe der Hadrosaurier. Das typische Merkmal aller Hadrosaurier war eine flache, breite Schnauze, die in einem entenähnlichen Schnabel endete, mit dem sie die Nahrung abrupften. Insgesamt kennt man etwa 30 Gattungen dieser Dinosaurier.

Fossilien: Spuren, die längst ausgestorbene Lebewesen in Gesteinen hinterlassen haben. Dazu gehören zum Beispiel Knochen und Abdrücke. Die Knochen und Abdrücke werden dabei im Laufe der Zeit durch ein anderes Mineral ersetzt (Versteinerung).

Hieroglyphen: Zeichen der ägyptischen Bilderschrift

Maya: Indianervolk in Mittelamerika, das insbesondere aufgrund der von ihnen in Teilen Mexikos gegründeten Reiche bekannt ist

Mesozoikum: das erdgeschichtliche Mittelalter, das die Epochen Trias (vor ca. 250 bis 205 Millionen Jahren), Jura (vor ca. 205 bis 145 Millionen Jahren) und Kreide (vor ca. 145 bis 65 Millionen Jahren) umfasst

Meteor: Gesteinsbrocken aus dem Weltraum, der beim Eindringen in die Erdatmosphäre aufglüht und verdampft

Meteorit:	nicht verdampftes Bruchstück eines Meteors
Pachycephalosaurus:	Pflanzen fressender Dinosaurier, der bis zu 5,5 Meter lang und bis zu 2 Tonnen schwer wurde
Paläontologie:	Wissenschaft von den ausgestorbenen, fossil erhaltenen Tier- und Pflanzenarten
Paläozoikum:	Erdaltertum, das den Zeitraum von 542 Millionen Jahren bis 251 Millionen Jahren vor der Gegenwart umfasst
Parasaurolophus:	einer der größten Entenschnabeldinosaurier
Proterozoikum:	Zeitraum der erdgeschichtlichen Frühzeit, der vom Beginn der Erde vor ca. 4,55 Milliarden Jahren bis 543 Millionen Jahren vor unserer Zeit reicht
Schiefer:	aus vielen dünnen Schichten bestehendes Gestein
Sonnengott Re:	Der wohl wichtigste ägyptische Gott, denn durch das Wirken seiner Kraft (der Sonne) ermöglichte er dem Glauben nach überhaupt erst das Leben auf der Erde. Sein Name bedeutet im Ägyptischen schlicht Sonne.

Die Kreidezeit

Als die ersten Dinosaurier vor etwa 230 Millionen Jahren auftauchten, gab es auf der Erde nur einen einzigen Kontinent namens Pangäa. Dieser brach im Zeitalter des Jura langsam auseinander. Die daraus entstehenden Landmassen hießen Laurasia und Gondwana. Diese Großkontinente brachen in der Kreidezeit weiter auseinander, und die heutigen Erdteile entstanden. Flache Meere überfluteten einen Großteil der Landmassen. An ihrem Grund bildeten sich Kreidefelsen, nach denen das Zeitalter benannt wurde.

Während dieser knapp 80 Millionen Jahre entwickelten sich mehr Dinosaurierarten als jemals zuvor. Die lange Zeitspanne wird zur besseren Übersichtlichkeit eingeteilt in die Untere Kreide (vor 145 bis 100 Millionen Jahren) und die Obere Kreide (vor 100 bis 65 Millionen Jahren).

Das Wetter war zunächst kühler und feuchter als in der Jura, bevor es gegen Ende der Kreidezeit wieder wärmer wurde. Nord- und Südpol waren während der gesamten Kreidezeit eisfrei. Überall entstand ein Kreislauf von wärmeren und kälteren Jahreszeiten.

Zunächst wuchsen in den Wäldern hauptsächlich Nadelbäume. In Regengebieten bedeckten Farne den Boden. Dann tauchten zum ersten Mal in der Erdgeschichte Blütenpflanzen auf, die sich schnell ausbreiteten. Am Ende der Kreidezeit hatten sich große Wälder aus Laubbäumen gebildet. Wegen dieser Veränderungen in der Pflanzenwelt fanden die riesigen Pflanzenfresser der Jurazeit (zum Beispiel der 25 Meter lange Brachiosaurus) nicht mehr genug zu fressen und starben aus. Dafür entwickelten sich kleinere Arten wie Triceratops oder die Entenschnabeldinosaurier. Doch der König dieser Epoche war zweifellos ein anderer Dinosaurier: der Tyrannosaurus Rex.

Tyrannosaurus Rex

Im Jahre 1902 fand man im Westen der USA zum ersten Mal Fossilien dieses gigantischen Raubtieres. Auf Deutsch lautet sein Name Tyrannenechsenkönig. Ein zutreffender Name für den bis zu 13 Meter langen Fleischfresser, dessen Kopf allein eine Länge von 1,5 Metern maß. In seinem Maul steckten zahlreiche bis zu 30 Zentimeter lange, dolchartige Zähne. Beim Laufen streckte er den Kopf waagerecht nach vorn, durch den muskulösen Schwanz hielt er das Gleichgewicht. Er hatte kräftige, aber verkümmert wirkende Arme, an deren Fingern spitze Krallen zum Umklammern der Beute saßen. An seinen Füßen waren drei Zehen mit scharfen Klauen. Wahrscheinlich konnte er diese für die Erlegung größerer Beutetiere nutzen.

Bis heute hat man insgesamt fünf vollständige Exemplare ausgegraben. Im Gegensatz zu einigen anderen Raubsauriern war der Tyrannosaurus ein Einzeljäger. Zumindest hat man noch nie Fußspuren entdeckt, die darauf hindeuten würden, dass er im Rudel lebte.

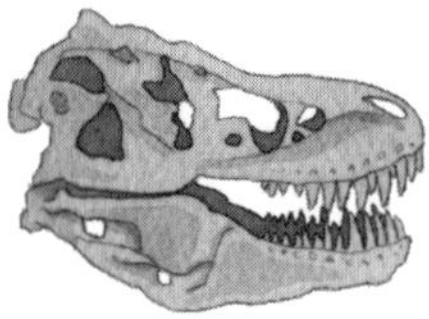

Das Aussterben der Dinosaurier

Nach dem Ende der Kreidezeit vor 65 Millionen Jahren sind die Dinosaurier von der Erde verschwunden. Dies können die Forscher so genau festlegen, weil sie in den Gesteinsschichten nach der Kreidezeit kein einziges Dinosaurierfossil mehr gefunden haben. Was aber ist beim Übergang von der Kreidezeit zum Tertiär, dem nächsten Abschnitt der Erdgeschichte, passiert?

Zwei amerikanische Forscher machten Ende der siebziger Jahre eine aufschlussreiche Entdeckung: In der Gesteinsschicht, die aus dem Wechsel von der Kreidezeit zum Tertiär stammt, fanden sie das Edelmetall Iridium. Diese Gesteinsschicht wird K/T-Grenzschicht genannt. Iridium kommt fast gar nicht in der Erdkruste vor, stattdessen aber sehr häufig in Meteoriten. Meteore sind feste Körper im All, die manchmal auf die Erde treffen. Meistens verglühen sie in der Atmosphäre als Sternschnuppen. Meteor-Stücke, die nicht verglühen, sondern auf dem Boden einschlagen, nennt man Meteoriten.

Wissenschaftler auf der ganzen Welt suchten nach dieser Entdeckung nach Iridium und fanden es überall auf unserem Planeten in der K/T-Grenzschicht. Eine mögliche Erklärung dafür war die Theorie eines gewaltigen Meteoriteneinschlags am Ende der Kreidezeit. Ein weiterer Fund Anfang der neunziger Jahre stützte diese Theorie. In Mexiko stieß man auf einen 65 Millionen Jahre alten Krater, der einen Durchmesser von 180 Kilometern hat und unter einer 800 Meter dicken Gesteinsablagerung versteckt war. Die Wucht des Einschlags vernichtete jedes Leben im Umkreis von vielen tausend Kilometern und erzeugte ungeheure Mengen an Staub und Gas, die sich in der Luft verteilten. Daraufhin drangen vermutlich über mehrere Monate keine Sonnenstrahlen mehr auf die Erde, die dunkel und kalt wurde. Zudem löste der Einschlag wahrscheinlich gigantische Flutwellen aus, wodurch beispielsweise alle Meeresriffe zerstört wurden. Die Dinosaurier, die diese Naturkatastrophe überlebt hatten, fanden keine Nahrung mehr, weil die meisten Pflanzen eingingen. Das Ende der Dinosaurier war damit besiegelt.

Fossilien

Nur dank zahlreicher Fossilienfunde wissen wir heutzutage, dass vor vielen Millionen Jahren Dinosaurier gelebt haben. Wie aber sind Fossilien entstanden?

Falls ein Dinosaurier gleich nach seinem Tod von Sediment (zum Beispiel vulkanische Asche oder Schlamm) bedeckt wurde, bestand die Chance, dass er versteinerte. Dann nämlich konnten ihn Aasfresser nicht vertilgen. Unter der Sedimentschicht zerfielen die weichen Teile, aber Knochen und Zähne blieben erhalten. Im Laufe der Zeit lagerte sich immer mehr Erde auf dem toten Dinosaurier ab, der Druck wurde immer größer. Die unteren Erdschichten wurden zusammengedrückt und versteinerten durch einen komplizierten biologischen Vorgang. Da sich die Erdkruste langsam bewegt, kommen manchmal alte Schichten wieder an die Oberfläche und mit ihnen die Fossilien.

Neben Knochen und Zähnen gibt es auch andere Funde, beispielsweise Eier oder Nester. Auch hat man schon versteinerte Nahrungsreste, Kothaufen, Feder- und Fußabdrücke gefunden. Besonders die Fußspuren sind für Wissenschaftler sehr aufschlussreich. Anhand ihrer Tiefe und dem Abstand zwischen ihnen lernt man viel über Gewicht und Schnelligkeit der Tiere.

Der Autor

Marc Beck, geb. 1971, begann im Alter von 12 Jahren mit dem Schreiben, wurde jedoch erst durch einen Literaturkurs in der 11. Klasse richtig süchtig. Seitdem verfasst er mit Begeisterung Texte für Kinder und hat außerdem schon mehrere Krimis veröffentlicht. Sein Sohn ist dabei oft der erste Testleser. Weitere Informationen unter www.marc-beck.com

Der Illustrator

Sebastian Coenen wurde 1978 in Mönchengladbach geboren. Er hat in Münster Grafikdesign studiert und arbeitet seit März 2005 als selbstständiger Illustrator und ist freier Mitarbeiter einer Werbeagentur in Düsseldorf. Sebastian schätzt die Abwechslung in seinem Beruf, malt aber am liebsten für Kinder, da er dann seiner Fantasie freien Lauf lassen kann.